Marcos Gendre

THE CURE

Redbook

MA
NON
TROPPO

© 2023, Marcos Blanco Gendre

© 2023, Redbook Ediciones, s. l., Barcelona

Diseño de cubierta: Daniel Domínguez

Diseño de interior: Regina Richling

Fotografías interiores: Wikimedia Commons / APG Images

ISBN: 978-84-18703-57-7

Depósito legal: B-6159-2023

Impreso por Reprográficas Malpe – Pol. Ind. Los Olivos

Calle de la Calidad, 34, Bloque 2 Nave 7

28906 Getafe, Madrid

Impreso en España/*Printed in Spain*

Con todo el cariño para Ninor Amargura

ÍNDICE

INTRODUCCIÓN

THE CURE COMO ESTADO MENTAL

THE CURE

INTRODUCCIÓN
THE CURE COMO ESTADO MENTAL

Seguramente, lo primero que pienses al comenzar a leer este libro que tienes entre tus manos es que se trata de una biografía al uso de The Cure. A este respecto, las intenciones con este libro han sido otras: armar una radiografía sobre la banda liderada por Robert Smith y su impacto en la cultura popular, además de su libre discurrir dentro de un contexto de modas que parecía no ir con ellos. Dicha pauta de acción ha servido para adentrarnos hasta el mismo subconsciente de una mente, la de Smith, que funciona como la habitación de Pee Wee Herman.

A la hora de valorar el enfoque que debía adoptar para esta narración, seguir esta vía me pareció la forma más lógica de allanar el camino hacia el (re)descubrimiento de una serie de discos y canciones que pertenecen al grupo selecto de momentos capaces de cambiar, y/o acompañar, la vida de quienes las escuchan. Música que se traduce en oportunos salvavidas. Amigos a los que

ert
th,
la
da.

acudir siempre que necesitas un flotador para no hundirte o para celebrar la vida desde un prisma de sensaciones reconocibles, pero a las cuales no resulta posible poner rostro hasta que estas acuden al rescate bajo el título de canciones como «Pictures Of You», «A Night Like This» o «Dressing Up», entre muchos otros posibles ejemplos. Esto mismo se pudo comprobar en sus dos conciertos celebrados este año en España, en Madrid y Barcelona, celebrados en noviembre de 2022. De este último, el periodista de *Rockdelux* Raül de Tena expresó a la perfección dicho sentimiento: «Miraras cuando miraras hacia las gradas, siempre había algún móvil con el flash danzando en la oscuridad y dejando claro que esa era la canción de alguien: todas y cada una de las canciones de The Cure son "la canción" de alguien que la vive apasionadamente».

Seguramente, esta es la manera más creíble en la que un oyente/espectador puede crear un universo en torno a sí mismo. Herramientas sonoras que van tomando forma personal en la cabeza de la gente. Fortificaciones sin llave en las que cada uno de nosotros buscamos refugio para resguardarnos de las rutinas del día a día que nos marcan una senda arquetípica por la vida.

Figuras como David Bowie, Depeche Mode o The Cure son algunas de las que han gestado los palacios de luces y sombras más originales en torno a música y estética. Estos últimos también son un ejemplo locuaz con el que poder entender el magnetismo que puede llegar a ejercer una banda sobre una persona.

No se trata sólo de la música, sino también de una imagen proyectada desde un plano donde misterio y atracción van de la mano para transportarnos hasta el mismo epicentro emocional de las canciones. Muchas de estas, siempre las escucharemos mientras proyectamos en nuestra mente imágenes de videoclips tan icónicos como los pertenecientes a «Close To Me», «Lullaby» o «Just Like Heaven».

Pero ¿por qué la necesidad de plantear una perspectiva de este tipo con un grupo como The Cure? La respuesta más inmediata que surge en torno a esta pregunta se basa en la búsqueda de una esencia unitaria entre lo que podemos entender como un grupo de grupos, o uno que ha pasado por tantas diferentes fases y estilos que podría haber perdido su personalidad por el camino. En el caso de The Cure, el hecho de haber transitado por tal proceso de metamorfosis no ha hecho, si no, subrayar la excelencia de haber cosechado el éxito desde los puntos más extremos de la oscuridad, con un ejemplo tan representativo como el de *Pornography* (1982), o desde la vitalidad pop, más grácil y melancólica, con «Friday I'm In Love» como ejemplo más elocuente. En cualquiera de las sendas desarrolladas por esta formación gestada en la desoladora ciudad de Crawley siempre se impone la predominancia de un factor inalterable: la bipolaridad creativa de Robert Smith, un ser capaz de adentrarnos en las pesadillas de «Lullaby» o de arrastrarnos a su propia versión de Los Aristogatos en un hechizo de ternura y diversión como «The Lovecats».

Sea cual sea el extremo enfocado, el resultado siempre ofrece renovadas latitudes creativas en las que se han sentido cómodos en diferentes momentos de su trayectoria. Varios rostros de un mismo cuerpo que lleva caminando más de cuatro décadas por la senda del transformismo pop. La misma desde la que en sus quince primeros años de vida gestaron uno de los murales pop más contrastados y contradictorios de la historia. Todo lo que vino después han sido retales de un genio que, aunque a cuentagotas, ha sabido hacer buen uso del auto reciclaje a través de una segunda parte de su carrera, guadianesca, abonada a la espera sin fin por nuevas criaturas discográficas, y más aún por hallazgos que ya no volverán a surtir los engranajes de la inspiración de un Robert Smith que ha aceptado su condición de mito viviente. El mismo capaz de inspirar cómics como *The Sandman* o películas tales que *Eduardo Manostijeras*, entre otras tantas manifestaciones cinematográficas y televisivas.

La historia de The Cure sigue los patrones habituales de formaciones pop longevas en el tiempo, como en el caso de The Human League, Madness, Echo & The Bunnymen o The Jesus & Mary Chain: la sucesión de los acontecimientos se ciñe a una primera parte de autodescubrimiento y ambición por abrir vetas de

The Sandman, un cómic inspirado en la figura de Robert Smith.

originalidad y una segunda que se sustenta a través de la adopción de la marca de estilo. Sin duda alguna, The Cure pertenecen a esta división. Pero lo que les hace diferentes del resto es que su etapa de autodescubrimiento duró más de lo habitual, a través de unos nueve primeros LPs de los que el octavo, *Disinte-gration*, es el corazón de su discografía, para el cual, por razones obvias, hay más espacio dedicado a lo largo de las próximas páginas.

En cualquiera de sus diferentes manifestaciones, The Cure crearon una dependencia obsesiva en todos los que cayeron en sus redes; una que se siente desde el primer escozor surgido tras escuchar sus primeras creaciones: *Three Imaginary Boys* (1979) y *Seventeen Seconds* (1980). Así, cuando se escucha algo que, como es el caso, conmueve de una manera tan poderosa, la primera opción siempre será la de investigar el resto de la obra del artista en cuestión. En este sentido, cuando se paladea por primera vez el debut en largo de The Cure, ya no queda más remedio; indefectiblemente, luego caerán, en el orden que sea, el resto de sus discos. Algo parecido ocurre cuando se descubre a los Sonic Youth que le hicieron una lobotomía al rock entre 1985 a 1988, a los Talking Heads que inventaron el art-funk transoceánico entre 1978 a 1980, a los My Bloody Valentine que, de 1987 a 1991, imaginaron un mundo nuevo de distorsiones epidérmicas, o sencillamente toda la trayectoria de Joy Division. En todos estos casos, la búsqueda inherente se convierte en pura necesidad. Los problemas suelen empezar cuando ya hemos degustado hasta el último rincón de inspiración de estas formaciones. ¿Qué es lo que ocurre luego?

Siempre abiertos al «lo amas o lo odias» que hace verdaderamente especial a un grupo, The Cure es uno con tantos perfiles y diferentes formas de enfocarlo que la única manera de hacerlo es a través de una profunda radiografía, con la que poder cubrir el mayor número de ángulos posibles de todas las etapas por las que han pasado a lo largo de ya más de cuatro décadas de embrujo, las de una formación cuya percepción responde más a la de un estado mental que a la de un grupo al uso.

PRIMERA PARTE

DE CUANDO THE CURE SURGIÓ EN CRAWLEY

Fue un día lluvioso de 1964. Dos niños de apenas cuatro años, Robert Smith y Lol Tolhurst, no querían subir a un bus que los llevaba a un colegio, en otra ciudad. Fue en ese momento cuando la madre de Tolhurst le dijo a éste: «Toma la mano de Robert y cuidaros el uno al otro».

Tal como quedó grabado en los recuerdos de Tolhurst, aquel fue el día en el que The Cure comenzó a existir como grupo. El inicio de una andadura supeditada, en sus orígenes. En su caso, al lugar donde crecieron esos dos niños que no querían subirse al bus del colegio para abandonar Crawley, su ciudad. Una plagada de manicomios y huellas marcadas por el efecto sombrío generado por la Segunda Guerra Mundial en las ciudades del sur de Inglaterra, con grandes superficies de campo donde poder establecer zonas de «bienestar mental».

En el aire de Crawley sobrevolaba la sensación de vivir en jaulas al aire libre. Las mismas en las que, por ejemplo, también vivieron los miembros de Joy Division en Manchester durante sus años de infancia. Niños que no llegaron a ver un árbol durante todos los años de su niñez, cuya memoria está ligada irremediablemente a grandes extensiones formadas por escampados desérticos, hileras de bloques de edificios monótonos y sótanos dispuestos con máscaras antigás y demás reliquias adoptadas del miedo sembrado a sus padres por los bombardeos alemanes en las ciudades británicas durante la Segunda Guerra Mundial.

Crawley está situada a treinta quilómetros de Londres. Se trata del arquetipo de ciudad perdida en su propia sombra, de climatología agresiva. Una de la que todo niño querría escapar. Así fue a mediados de los años setenta para Smith y Tolhurst, los primeros punks de una urbe que, a pesar de los planes de fuga que siempre albergaron en sus adentros, quedó tatuada en la memoria de quienes vivieron allí su infancia y, en cierta manera, les sirvió para forjar su personalidad creativa, tal como es en el caso que nos ocupa.

Vivir diariamente en esta clase de entorno llevó a sentencias como la enunciada por Bernard Sumner, guitarrista de Joy Division y posterior voz y cerebro de New Order: «El postpunk nació de vivir en la mierda». Ni más ni menos, The Cure también surgió de ahí mismo: de un reducto vital ligado a esas «ciudades nuevas» creadas en torno a la idea del progreso orquestado en la posguerra. Un progreso que, en realidad, reflejaba las llagas del dolor cicatrizado durante unos años que marcaron el sufrimiento heredado de padres a hijos por la funesta influencia de las bombas alemanas cayendo en suelo inglés.

La frialdad arquitectónica de una ciudad como Crawley, armada en torno a calles, fábricas y tiendas de aspecto hostil, definió un estado de ánimo permanente en las vidas de Tolhurst y Smith, amigos inseparables que, primeramente, encontraron en el punk una respuesta a sus necesidades expresivas contra la mezcla entre represión emocional y catolicismo lacerante impuesto desde sus años más mozos.

Tal como lo describe Tolhurst en sus memorias, «el final de los setenta fue una época terrible para crecer en Inglaterra. Fue un momento lleno de problemas, marcado por una economía decaída, una inflación descontrolada, incertidumbre política y ninguna perspectiva que mostrara que hasta la electricidad estaba racionada. Mientras otros lugares prosperaban, nosotros seguíamos bajo el ala de la austeridad.

El aburrimiento era el pan nuestro de cada día en Crawley. La mayoría de la gente se contentaba traficando. Sin embargo, se avecinaban grandes cambios. Se podía escuchar la llamada de Londres. Esa época de protesta y disgusto dio a luz a la música punk, a la moda punk, a la rebelión punk. Robert y yo intercambiábamos detalles sobre lo último del punk que habíamos escuchado en el programa de radio de John Peel o visto en la tienda de discos de Horley, donde pasábamos los sábados.

No tuvimos que ir a Londres para ver conciertos punks. El punk vino a nosotros. Robert y yo estudiába-

John Peel en 1968.

mos en el bachillerato tecnológi-
co en Crawley y el campus era tan
insípido y aburrido que parecía el
sueño de Stalin hecho realidad.
Podías estudiar literatura inglesa o
mecánica. Era una mezcla de alta y
baja cultura. Una escuela con pre-
tensiones. Yo estudiaba química,
por interés personal y profesional;
Robert, por supuesto, literatura».

Fue en esos años cuando Smith
fue formando la matriz de una
plantilla musical en su mente, de la

Lol Tolhurst y Robert Smith, historia de una larga amistad.

cual se pueden atisbar futuros ras-
gos de estilo en sus creaciones. Así como él mismo recuerda al respecto para
Rolling Stone de los años que la configuraron: «Mis primeros recuerdos son de
1963, 1964 y 1965. Tengo un hermano mayor que es doce o trece años mayor
que yo y una hermana diez años mayor que yo. Se suponía que mi madre no
tendría más hijos, y de repente me tuvo a mí, y luego a mi hermana menor, ¡así
que éramos dos contra dos! Nuestros hermanos mayores nos cuidaron y nos
enseñaron muchas cosas. Fue así como nos enseñaron canciones de los Beatles
a mi hermana pequeña y a mí. Eso fue sobre 1963 y 1964. Mi hermano mayor me
regaló una guitarra y aprendimos juntos, lo que suena muy vulgar, pero fue una
experiencia de unión. Pero desde el momento en el que pude tocar sol menor y
él no pudo entender qué era sol menor, supe que lo había superado. Yo estaba
metido con The Rolling Stones. Luego, también estaban Captain Beefheart y
Pink Floyd. Mientras tanto, mi hermana mayor siempre estuvo más orientada
hacia el pop.

Era un ambiente extraño. Me aprendí las letras de cosas bastante alucinantes.
No tenía idea de lo que significaba, pero tenía recuerdos tempranos de canciones pop realmente tontas pero gloriosas, como «Dream», de los Everly Brothers.
Si una canción como esta sonara en la radio ahora, todavía la cantaría. Eso fue lo
que puso la idea de la melodía en mi cabeza. Mi mamá y mi papá estaban mucho más interesados en Gilbert and Sullivan, que a su manera tienen canciones
fantásticas, escritas de manera brillante con grandes melodías. Mientras tanto,
mi hermano fumaba marihuana en el garaje y escuchaba a Eric Clapton con sus
compañeros. Tocaban el disco de Blues Breakers todo el tiempo, muy alto. Me
encantaba. Y "Crossroads" es fantástica. Esta es una de las primeras canciones
que intenté aprender con mi guitarra acústica».

«Sé infantil. Sé irresponsable. Sé irrespetuoso.
Sé todo lo que esta sociedad odia.»

Malcolm McLaren

El proceso de aprendizaje musical llevado a cabo por Smith y Tolhurst tuvo un punto de inflexión capital a partir de los aires de revolución punk que llegaban desde Londres, en 1976. Una historia paralela inevitable, por la cual resulta imprescindible mencionar a los Sex Pistols.

El sustrato de la producción de la banda liderada por el incorregible Johnny Rotten se recogió en su único LP de estudio, *Never Mind The Bollocks, Here's The Sex Pistols*, el disco más representativo de todo el punk facturado en 1977, aunque quienes influyeron más todavía en grupos como The Cure fue la forma de trabajar de forma independiente que llevaron a cabo Buzzcocks.

Antes de lanzar la bomba final, los Pistols tiraron cuatro granadas de mano en forma de single. El primer estruendo se produjo el 26 de noviembre de 1976 por medio de «Anarchy In The U.K.», con la poderosa EMI a sus espaldas. Sólo cinco días después de su publicación, los

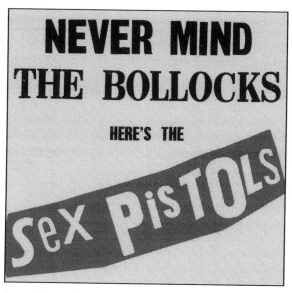

Never Mind The Bollocks, Here "s The Sex Pistols, primer y único álbum de estudio de la banda icono del punk.

Pistols sufrieron una encerrona de tintes delirantes. Lo que nadie se podía imaginar es que ese uno de diciembre de 1976 el punk se iba a hacer oficial, llegando en su forma más cruda hasta miles y miles de televisores.

La trampa fue dispuesta desde el *Today* del canal Thames. Este programa vespertino para el área londinense contaba como presentador con un tal Bill Grundy, de quien hasta Television Personalities acabaron sacando canciones en torno a su persona.

Aquel día Grundy tenía trazado un plan en su cabeza para intentar ridiculizar a esta nueva camada de músicos de lengua avinagrada y pintas indecentes. Los objetivos que Grundy tuvo esa noche no fueron otros que los Sex Pistols: Johnny Rotten, Steve Jones, Glen Matlock y Paul Cook. Además de los Pistols, también fue invitado parte del séquito de la banda, formado por: Simon Barker, Simone Thomas, Steve Severin y Siouxsie.

Por supuesto, lo que Grundy no se podía imaginar es que el cotarro se le iba a ir de las manos de la manera en que se le fue…

Tal como lo recuerda Steve Jones en biografía oral de los Sex Pistols: «Fui yo quien comenzó el altercado del programa de Grundy. Estábamos en Candem ensayando para la gira de Anarchy In The U.K. con los Clash y los Heartbreakers. Estábamos haciendo el tonto en el escenario cuando vino la gente de EMI con una gran limusina y dijeron: "Venid a la tele". La cuestión es que iban entrevistar a Queen, pero no pudieron conseguirlos para aquella noche. Nos dijeron que teníamos que ir nosotros. La BBC nos metió en una pequeña sala de espera llena de bebida. Para calmar los nervios me bebí tres botellitas de vino Blue Nun. De repente me vi caminando hacia el plató, completamente borracho y mosqueado. Pensaba que Grundy iba a hablar de nuestra gira, pero enseguida se vio que lo único que quería era que pareciéramos idiotas».

A continuación, reproduzco la transcripción de este momento histórico, el punto de partida básico, que sirvió para que los Pistols se convirtieron en la banda británica más representativa de todo 1977, pero sobre todo en la que abrió la brecha tras la que se colaron The Cure, Siouxsie & The Banshees, The Fall y tantos otros de los futuros adalides del post-punk.

Grundy: He oído que el grupo –se golpea la pierna con un fajo de papeles– ha cobrado cuarenta mil libras de una compañía de discos. ¿No parece esto… ejem… ligeramente opuesto al modo de vida antimaterialista del grupo?

Matlock: Para nada. Cuanto más dinero, mejor.

Grundy: ¿De veras?

Matlock: ¡!!Ohhh …sí!!!

Grundy: Cuéntame más sobre eso.

Jones: Ya nos hemos pateado toda la puta pasta, ¿no es así?

Grundy: No lo sé. ¿Eso es cierto?

Bill Grundy, presentador del programa *Today* en canal Thames, enfrentándose a los Pistols.

Matlock: No nos queda ni un céntimo.

Grundy: ¿De verdad? ¡Dios bendito! Ahora quiero que me expliquéis una cosa…

Matlock: ¿Qué?

Grundy: … ¿Habláis en serio o sólo queréis…. O sólo estáis tratando de hacerme reír?

Matlock: No. Nos lo fundimos todo.

Grundy: ¿De verdad? ¡Dios Mío!

Matlock: Sí.

Grundy: No, pero me refiero a lo que estabais haciendo.

Matlock: Claro que sí.

Grundy: ¿En serio?

Matlock: (Harto) Ummmmmmmm.

Grundy: Beethoven, Mozart, Brahms y Brahms, están todos muertos.

Matlock: Bueno, es que esos son nuestros héroes, ¿o no?

Grundy: ¿De veras? ¿Cómo? ¿Cómo decía usted, señor?

Rotten: Ésos… son gente maravillosa.

Grundy: ¿De verdad?

Rotten: ¡Oh claro! Nos ponen un montón.

Jones: Bueno, son muy…

Grundy: ¿Y crees que ponen a más gente?

Rotten (suspiro): Bueno, ese es su puto problema.

Grundy: ¿Que es qué?

Rotten: Nada, nada, una palabrota. Haz la siguiente pregunta.

Grundy: No, no. ¿Cuál es la palabrota?

Rotten (imitando a un colegial): Mierda.

Grundy: ¿De verdad? ¡Dios mío, me estáis aterrorizando!

Rotten: De acuerdo, Sigfrido. Pues suelta la última pregunta.

Grundy (volviéndose hacia el público): ¿Qué os parece, chicas?

Matlock (hacia Rotten): Se parece a tu padre, este viejales, ¿o quizá a tu abuelo?

Grundy: Creo que os estáis equivocando. ¿Estáis preocupados o simplemente os estáis divirtiendo?

Siouxsie: Estamos divirtiéndonos.

Grundy: ¿Ah sí?

Siouxsie: Sí.

Grundy: Ah, esto es lo que me parecía…

Siouxsie: Siempre quise conocerte.

Grundy: ¿De verdad?

Siouxsie: ¡Que sí!

Grundy (a Siouxsie): ¿Nos encontraremos luego?

(Siouxsie hace una mueca de disgusto)

Jones: Sucio cabrón…, viejo verde.

Grundy: Bueno, jefe, anda, sigue adelante; te has ganado diez segundos más. Di algo escandaloso.

Jones: Sucio bastardo.

Grundy: Inténtalo de nuevo.

Jones: Eres un sucio hijo de puta.

Grundy: ¡Qué chico tan listo!

Jones: ¡Qué vejestorio más repugnante!

(Más risas del grupo y de los fans. Grundy cierra el programa).

El bueno de Grundy cerró el programa de la única forma posible, educadamente pero tajante en sus deseos: «Bien, esto ha sido todo por hoy. Del otro rockero, Eamonn, no digo nada más, volveremos mañana. Nos vemos pronto. Y a vosotros (dirigiéndose al grupo), espero no veros más. De mi parte, buenas noches».

Semejante *reality* desde un programa de televisión se hizo eco desde todos los tabloides británicos del día siguiente. Publicidad gratis. A pesar de haber prendido definitivamente la mecha, se sufrieron daños colaterales.

La coincidencia de la aparición televisiva en el programa de Bill Grundy y la aparición del tema más representativo de la filosofía punk, «Anarchy In The U.K.», disparó la historia de los Pistols hacia una sensación de vértigo tan poderosa como su propia música. Visto lo visto, desde luego, no era para menos.

Los Sex Pistols en Manchester en el año 1976 durante un concierto.

La onda expansiva del punk fue un pedazo de mecha corta explosivo que arrancó en 1976. Dicho año siempre será reconocido en Gran Bretaña como el de la explosión generada por los Sex Pistols. Aquellos cuatro tipos desarrapados, movidos por el titiritero Malcolm McLaren, atrancaron la rueda de los acontecimientos. Por un instante, el tiempo se detuvo, y el futuro se desbordó en cascada. Pero antes de que la propagación tomara tracción rodada, los Pistols fueron desembarcando en diferentes puertos. En cada pequeña sala o club que incendiaban, transcendía una idea: «cualquiera puede hacerlo». Si Brian Eno dijo una vez que la poca gente que, en su momento, se había comprado el primer LP de la Velvet Underground había formado un grupo, lo mismo puede aplicarse a todos los que acudieron a los conciertos que los Pistols ofrecieron a lo largo del 76.

Uno de aquellos conciertos tuvo lugar un 4 de junio. Fue como tirar una moneda trucada al aire: saliera lo que saliera, ahí se encontraba el kilómetro cero de un despertar que Paul Morley, el cronista oficial del Manchester surgido a finales de los años setenta, atinó con óptica historicista en *Sounds*: «Más de cien años después de la Revolución Industrial, que parecía destinada a aplastar la zona en polvo y aislamiento como el mundo que inspiró, Manchester se descarriló fuera de la senda. Ocurrió una revolución emocional, algo que fue como empujar a Manchester hacia el siglo veintiuno. Esto sucedió porque Johnny Rotten mostró a Howard Devoto una manera de explotar positivamente su interés por la música, el teatro, la poesía y la filosofía. Devoto, digamos, por el placer de hacerlo, porque la historia tiene que empezar en alguna parte,

con una explosión o un concierto punk legendario. Él fue el hombre que cambió Manchester, porque tenía una idea acerca de lo que se necesita para que algo ocurra en el momento justo, en el lugar adecuado. Devoto dispuso que los Sex Pistols tocaran en Manchester antes de que el resto del país hubiera alcanzado la idea de que hubiera tal cosa como un Sex Pistol».

El eco generado por los Sex Pistols en Manchester tuvo un efecto fotocopia en cada uno de los sitios a los que fueron a tocar, prendiendo un halo de excitación equiparable al que fueron dejando bandas como The Stranglers y, sobre todo, The Clash, que entre 1977 y 1978 actuaron en Crawley. El impacto generado por estos últimos no se hizo esperar en Smith y Tolhurst, que en aquellos años dieron vida a un grupo con el nombre de Easy Cure y, anteriormente, ya habían tenido una banda llamada Malice.

«Recuerdo que The Clash vino a tocar, y fue un gran alboroto», recuerda Tolhurst para *New Musical Express*. «Suicide abrieron para ellos. De aquel día, siempre recuerdo a un *skinhead* levantándose y tratando de hacerle algo a Suicide. Pero Joe Strummer salió y dijo: "Deja de hacer esto. Estás siendo realmente estúpido. ¡Déjalos tocar!". Fue entonces cuando me di cuenta de que uno tenía el poder de hacer algo bueno, en lugar de algo estúpido con la música».

Mientras desde Londres se proclamaba el estado de sitio punk, David Bowie se dedicaba a ir en bicicleta de su casa, en Schöneberg, hasta los estudios Hansa, en Berlín. Desde su nuevo centro de operaciones, forjó su alianza con Brian Eno. De esta surgió «Warszawa», la evidencia que lo desamericanizaba de un plumazo. Misión cumplida. Lo que le pidió a Eno no pudo ser más consecuente: «Quiero una pieza muy lenta, pero que desprenda emotividad, un sentimiento casi religioso». Qué decir de un tema que bien podría haberse titulado «Kometenmelodie 3»…, en relación con los temas que conforman la segunda cara de *Autobahn* (1974), uno de los pilares sobre lo que se sustenta la evolución de la música electrónica.

«Warszawa» también fue la canción-guía de *Low* (1977), la expresión inicial de su estancia berlinesa. «La segunda cara era más una observación en términos musicales de mi reacción al ver el bloque del Este: ¿Cómo sobrevivió Berlín Occidental en medio de aquello, que era algo que no podía expresarse con palabras?». De hecho, el segundo tramo de *Low* es instrumental. Bowie estaba apoyándose en la concepción paisajística de las texturas tejidas por Eno. Dentro de este marco, él actuaba como actor principal.

Low fue una reacción contra el rock y su pertenencia a éste. En su mezcolanza de geografías sonoras se entorna la puerta al post-punk. John Rockwell, del *New York Times*, fue quien afinó más certeramente su esencia: «Un extraño híbrido de Roxy Music, los discos en solitario de Eno, Talking Heads y el gamelán indonesio».

Pronto podremos comprobar la relevancia que tuvo este disco en la conformación de la ética post-punk, adoptada rápidamente por Smith y Tolhurst, y sobre todo en estos dos, más allá de su adhesión a la ortodoxia post-punk.

Partiendo en contraposición al mensaje de «no future» instaurado, se colocó el «post» delante del concepto «punk», quedando implícito el significado del prefijo de que aún había nuevos horizontes por descubrir y transitar. Haciendo un nuevo tipo de ataque a la industria discográfica, promoviendo el *do it yourself*, la independencia musical, constatada en pequeños nuevos sellos como Mute y Rough Trade, y sus propios sistemas de autofinanciación, hicieron justo todo lo que el punk británico debió hacer y no supo. No en vano, el punk llegó a promover a las *majors*, al proporcionarles nuevas alternativas para abastecimiento económico a través de los estratos sociales menos favorecidos. La más absoluta de las contradicciones. Dentro de parámetros más musicales, otra desviación del postpunk con respecto al punk provino de su desarraigo con la influencia americana y los preceptos rockistas de los que provenía éste, tremendamente influenciado por los *riffs* de guitarra de Chuck Berry y MC5.

Buscando por regiones rara vez transitadas anteriormente, como Jamaica y África, el postpunk se estaba apropiando de renovadas pautas estilísticas que se fusionaron con otras más conocidas popularmente. A saber: el lado arty del glam, la música negra americana –de la que el funk se convirtió en el patrón rítmico por excelencia–, las propuestas hechas por heterodoxos como Captain Beefhart o Frank Zappa, la influencia alemana de los discos de la dupla Bowie-Eno, el krautrock, Kraftwerk, todo tipo de vanguardia estilística –free-jazz, etc.–, e incluso las partes más aprovechables del rock progresivo, con Van Der Graaf Generator a la cabeza. Con todo este flujo desbordante, las posibilidades expresivas se multiplicaron exponencialmente.

Toda esta corriente de información llegó filtrada a los oídos de Smith y Tolhurst a través de la inspiración directa de *Low*, que sirvió de oráculo creativo en discos como *Faith* (1981), publicado por The Cure en el amanecer de los ochenta. Pero antes de llegar a este punto transcendental de su trayectoria, había que dar cuerda al genoma artístico, aún en ciernes.

El hecho de vivir en un lugar negado a la evasión y el ocio como Crawley alimentó las ansias de evasión de Smith y Tolhurst. En aquella época, ambos se convirtieron en un atentado contra la normalidad reinante en su localidad. La estética punk y la androginia heredada del glam se hizo patente en sus vestimentas.

Tal como lo recuerda Tolhurst en su biografía: «No nos importaba. No creíamos en estereotipos. Cuando me dijeron que llevar un arete en la oreja derecha era el equivalente a declararse gay ante todo el mundo, yo, que no lo era, me puse dos. Los días de ser educado habían terminado. Nos enfrentábamos a todo porque así debía ser. El 3 de febrero de 1977 salí a celebrar mi cumpleaños —cumplía dieciocho— con mis tres mejores amigos: Robert, Michael Dempsey y Porl Thompson, todos músicos principiantes. Ya estábamos mutando de Malice, una banda que habíamos formado en la escuela, a Easy Cure, un nombre que, con mucho orgullo, se me había ocurrido a mí y que acabaría transformándose en simplemente The Cure. Todavía estábamos buscando nuestra personalidad musical, viendo qué nos gustaba y descartando todo lo demás».

Los comienzos de The Cure se fueron fraguando bajo el deseo subyacente de hacerse sentir especiales dentro de un entorno del cual ni siquiera podían sentirse excluidos, ya que, realmente, no formaban parte de ninguna tribu social lo suficientemente representativa. Su rebeldía era un acto de autoexclusión que derivó en un lenguaje propio a la hora de hacerse entender entre ellos.

La evasión estaba tomando forma al mismo tiempo que The Cure iba germinando, pero ni ellos mismos lo sabían. Los problemas que tuvieron con los *skinheads* no fueron más que un símbolo de las cartas que el destino había marcado para ellos.

En un lugar donde el catolicismo y la ingesta de alcohol desproporcionada regían los códigos de conducta general, se produjo el efecto de sedación social necesario para abotargar a un rebaño al cual, incluso, le racionaban la electricidad en aquellos años de depresión posbélica.

The Cure nació de esa sensación de soledad entre la gente. Desde su quilómetro cero, lo suyo no fue una expresión punk al uso. Ni mucho menos. En sus
canciones, reinaba una oscuridad introspectiva, regida por una fórmula donde
la velocidad típica de las huestes punk no era la pauta de acción habitual.

Una de sus primeras canciones fue «Killing an Arab», ejemplo harto representativo de la controversia asociada a un grupo que, en realidad, se saltó la parada
obligatoria punk para abrazar de lleno los códigos rupturistas del post-punk.
Su caso fue algo muy parecido al trasvase realizado de Warzaw a Joy Division.
Precisamente, con esta última formación se fueron produciendo una serie de
paralelismos tremendamente significativos, a lo largo de los años, que iremos
comprobando a lo largo de toda la trayectoria de The Cure. También sucedió lo
mismo con respecto a New Order, la formación nacida después de Joy Division,
a causa del trágico suicidio de Ian Curtis.

Respecto a «Killing an Arab», se
trata de una canción escrita en 1979
que conllevó a duras acusaciones de
apología del racismo. La forma postpunk a la hora de generar un estado
de reflexión ante situaciones como
la relatada en la canción mediante la
evasión de críticas panfletarias arma-
das para el cara a cara era algo totalmente prohibido en los códigos de
conducta de dicho movimiento. Lo
que se buscaba era una invitación a
la reflexión violentando al oyente, tal
como sucede en los primeros discos
de Public Enemy, máximo exponente
del punk afroamericano. O sea, el hip
hop original.

En este sentido, tal como lo recuerdan desde The Cure, «Killing an Arab» fue
escrita en en 1979. Su génesis parte de una expresión de protesta hacia lo ridículo de las matanzas, ya sean árabes o de cualquier otro individuo perteneciente
a una raza diferente de la señalada en la canción. Siete años después de su publicación, en Estados Unidos, «Killing an Arab» fue pinchada por un disc-jockey
cuando ocurrió el lío de Irán. Entonces, gran parte de la comunidad árabe que
vive en Estados Unidos, sin comprender demasiado bien la letra, pensó que era
contraria a sus intereses. Este asunto culminó con una serie de malentendidos,

29

en los cuales la banda estuvo muy cerca de llegar a juicio, por lo que tuvieron que salir y responder ante un gran número de acusaciones y a confirmar que no hubo ninguna intención racista con ese tema. «Killing An Arab» no deja de ser el reflejo de cómo a los miembros de The Cure les parecía absurdo cualquier clase de guerra y violencia entre seres humanos que pudiera desembocar en un crimen.

El acabado instrumental de canciones como esta, donde no hay atisbo de furia eléctrica explosiva ni nada que invite a un giro acelerado punk, responde a la misma forma de ser de Smith, timón absoluto del grupo, cuya personalidad respondía a la dualidad del doppelgänger: por un lado, adherido al canon de artista torturado, pero por el otro un tipo capaz de disfrutar de los placeres más mundanos de nuestro día a día, como ver un partido de futbol tomando pintas en el pub con los amigos.

Vivir entre el plano terrestre y el onírico fue siempre la característica principal de todo acto creativo por parte de Smith, que delineó la esencia de un grupo cuyo primer concierto data de diciembre de 1976 cuando aún se llamaban Malice. Dicha actuación tuvo lugar en la St.Wilfrid School y los integrantes del grupo para tan simbólica ocasión fueron Robert Smith, Porl Thompson, Lol Tolhurst, Michael Dempsey y Martin Creasy. Anteriormente, ya habían hecho sus primeros pinitos en 1973, cuando se hacían llamar The Obelisk, y apenas habían entrado en la adolescencia.

El paso posterior a Malice fue denominarse como Easy Cure, gracias a la inventiva de Tolhurst para sacarse nombres de grupos de la manga.

Sin embargo, el florecer definitivo vino dos años después, cuando, finalmente, pasaron a llamarse The Cure. Esta última metamorfosis derivó en una reducción consciente de los miembros del grupo, con Smith a la cabeza, el apoyo de Dempsey al bajo y con Tolhurst a la batería.

Todo este proceso tan habitual de búsqueda identificativa durante la formación de un grupo, en aquellos años, en el caso de The Cure, contó con referentes que van de Jimi Hemdrix a The Stranglers, pasando por David Bowie, con los que se fueron fraguando las claves que dieron paso a su primer paso significativo: la grabación de *Three Imaginary Boys*, su álbum de debut.

TRES CHICOS IMAGINARIOS

El nacimiento oficial de The Cure fue fruto de un proceso que se fue dando de forma natural, aunque sorprendente. Para empezar, un detalle a tener en cuenta es que Robert Smith no fue el cantante principal en Malice y con Easy Cure llegaron a contar con un solista que respondía al nombre de Peter O'Toole, aunque su talento distaba eones del atesorado por el mítico actor protagonista de *Lawrence de Arabia*, pináculo cinematográfico del director de cine británico David Lean.

Easy Cure tomó forma en enero de 1977, tras dejar de denominarse como Malice. Fue con este nombre cuando comenzaron a grabar sus primeras demos para el sello germano Hansa-Ariola, en octubre de 1977. En la misma, se encuentran temas como «See The Children», «Listen», o «I Want To Be Old», en los que suenan como unos Buzzcocks primerizos, pero también «Meathook», en la que Smith ya comienza a sacarse de la manga dejes vocales

Easy Cure, el germen del grupo, en 1972.

sencillamente inconfundibles. En los temas pertenecientes a esta demo, uno de los aspectos más curiosos es el hecho de que, por momentos, recuerdan a los Kinks en ciertos patrones instrumentales extraídos por Smith de las seis cuerdas.

Haber llegado a grabar estas demos en los estudios Sound And Vision londinenses fue consecuencia del premio recibido tras haber ganado un concurso de grupos, aunque nada de lo que grabaron llegó a ver finalmente la luz.

La instantánea final de la primera versión rigurosamente oficial de The Cure comenzó a fraguarse de forma definitiva a partir de la expulsión de Porl Thompson. Quien años después

rl Thompson, miembro fundador de The Cure, junto n Robert Smith, Michael Dempsey y Lol Tolhurst.

se convirtió en pieza básica del grupo, siendo el hombre para todo, separaba su camino del grupo en abril de 1978.

Esta historia de continuas idas y venidas de miembros del grupo es algo que se va a repetir a lo largo de la trayectoria de The Cure, con el caso de Simon Gallup como el más llamativo. Pero eso ya es otra historia que vendrá por sí sola.

Por lo de pronto, aún estamos en 1978, año clave para el grupo, en el que Chris Parry, que en aquel momento trabajaba para Polydor Records, se hizo con unas maquetas grabadas por Smith y los suyos. La impresión que le produjeron fue tan intensa que decidió montar un sello discográfico subsidiario llamado Fiction Records para ocuparse directamente de The Cure. El hecho de que las demos del trío llegaran a manos de Parry propició el punto de inflexión necesario para dar forma a un proyecto que, como prácticamente todas las formaciones de aquellos años, siempre necesitaba de unos años de aprendizaje hasta encontrar una firma personal con la que darse a conocer más allá de su círculo de confianza.

En diciembre de 1978, The Cure fueron invitados a las míticas Peel Session, programa de la BBC conducido por John Peel, lo cual les reportó el impacto necesario para poder ampliar su radio de acción en directo fuera de su zona

El grupo fue invitado a las Peel Session, programa musical de la BBC.

de confort; por aquel entonces, centralizada en The Rocket, prácticamente el único local de Crawley, en aquellos tiempos, preparado para albergar este tipo de actuaciones.

1978 terminó con el ansiado debut discográfico oficial de The Cure: la publicación de «Killing an Arab». Con este single, inspirado en la novela *The Stranger* de Albert Camus, The Cure se afiliaron de forma total a la tradición oficial del postpunk: inspirarse en escritores de corte filosófico como Kafka, Burroughs o Camus, como es en el caso que nos ocupa.

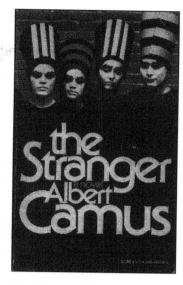

The Stranger (El extranjero), la novela de Albert Camus, fuente de inspiración para The Cure.

Esta fue la avanzadilla de lo que terminó siendo *Three Imaginary Boys*, primer LP del grupo, del cual Robert Smith estuvo escribiendo canciones durante un período de dos o tres años. Algunas de estas fueron «10:15 Saturday Night» y «Killing an Arab», que compuso cuando apenas tenía dieciséis años.

El álbum lo grabaron cuando Smith apenas tenía dieciocho. Debido a esto, algunos de los cortes aún no le convencían. Las canciones pop como «Boys Don't Cry» son ingenuas hasta el punto de la locura, llegó a declarar Smith en más de una ocasión. Pero teniendo en cuenta su juventud y el hecho de que no había hecho nada más que ir a la escuela hasta aquel entonces, con ninguna experiencia de la vida real, y que todo lo que había escrito hasta aquel momento estaba sacado de los libros, algunas de estas canciones son muy buenas.

En el momento en el que The Cure entraron en los Morgan studios para grabar, The Jam estaban trabajando en su álbum durante el día. Cuando Paul Weller y los suyos abandonaban el estudio, Smith, Tolhurst y Dempsey solían colarse por la noche y usaban su equipo para grabar su LP. Sin embargo, tal como llegó a reconocer Smith para *Rolling Stone*: «El primero es el álbum que menos me gusta de The Cure. Obviamente, son mis canciones, y yo estaba cantando en ellas, pero no tenía control sobre ningún otro aspecto: la producción, la elección de las canciones, el orden de ejecución, el arte. Parry lo hizo todo sin mi bendición. E incluso a esa corta edad yo ya podía estar muy cabreado. Había soñado con hacer un álbum y, de repente, lo estábamos haciendo, pero mi aportación fue ignorada. A partir de ese día, decidí que siempre pagaríamos nosotros mismos todo lo relacionado con la grabación y, por lo tanto, mantendríamos el control total».

En el caso de The Cure, haberse decantado por un autor de corazón existencialista como Camus en canciones como «Killing an Arab» definió el carácter oblicuo de su genoma punk. El mismo que se pudo constatar de forma evidente con la publicación de *Three Imaginary Boys*.

Sin embargo, el parto del pistoletazo inicial discográfico de The Cure en largo no fue sencillo, al menos para Robert Smith, que se encontró con una portada que él no había aprobado. En la misma, los tres miembros del grupo son sustituidos por una nevera (Dempsey), una lámpara de pie (Smith) y una aspiradora (Tolhurst). Después de vivir este episodio, nunca más un aspecto gráfico del grupo salió adelante sin la aprobación de Smith.

Aun así, cabe reconocer la maestría del autor de la portada, Bill Smith, que supo captar al dedillo el vacío orgánico de las canciones del grupo a través de una metáfora visual de las señas de identidad extraídas del sonido que habían fraguado en aquel momento.

La selección final de las canciones fue ajena a Tolhurst, Dempsey y Smith, que estaban pagando su inexperiencia en aquel momento crucial de su experiencia discográfica. Y que ni siquiera pudieron escoger el orden de las mismas en el álbum, lo cual no fue del agrado del grupo. «Chris nos dijo que grabáramos cada canción que tuviéramos, y luego trabajaríamos en lo que iba a entrar en el álbum», le dijo Smith a James Oldham en agosto de 2004. «Yo confiaba en él, pero al final, simplemente eligió lo que pasó allí… Si hubiéramos ido al estudio seis meses después, habríamos hecho un álbum mucho mejor.»

El hecho de que fuera también Parry el encargado de escoger las doce canciones que integraron el álbum fue la causa de decisiones absurdas, como incluir la versión que habían realizado de «Foxy Lady», uno de los clásicos de Jimi Hendrix, la cual poco representaba del estado en el cual se encontraba el grupo en aquel momento, además de que en la misma Michael Dempsey es quien lleva el rol de cantante principal. Otras canciones de las que Smith se quejó de su elección son «Object» y «World War», muestras fehacientes de la realidad expresada por Smith al periodista Paul Morley en *New Musical Express*, quien había atacado tanto a *Three Imaginary Boys* como a la banda por su postura "anti-imagen" en su reseña del disco, con la excepción de la portada. «Llegué a pensar que el arte diseñado para la portada del disco era una bolsa de mierda», admitió Smith en el año 2000 para *Melody Maker*. «Parry tenía esta visión del grupo, que yo aceptaba a regañadientes. Cuando el disco salió, yo ya había escrito "M" y "Play For Today"».

Chris Parry montó Fiction Records para ocuparse directamente de The Cure.

El hecho de haber citado justo estas dos canciones nos dan una idea muy cercana de lo que pudo haber sido el primer LP de The Cure, en caso de que las decisiones artísticas hubieran corrido a cargo de sus autores. Sin embargo, en aquellos tiempo la presencia de Parry y Mike Hedges, como grabadores y productores del disco, fue la que marcó los designios de un álbum brillante, pero que realmente suena como un conjunto de canciones ajenas a lo que Smith tenía en la cabeza acerca de cómo tenía que ser reconocida su música por la audiencia, lo cual no tardó en ser plasmado a lo largo de sus siguientes pasos discográficos, más inmediatos.

Al igual que sucedió con Ian Curtis en Joy Division, la sombra de Nietzsche se convirtió en un factor importante a la hora de argumentar el vacío emocional consecuente en el paso de la etapa más cercana al punk a la genuflexión total ante los postulados after-punk esgrimidos en *Seventeen Seconds*, el segundo LP publicado por The Cure y el primero de lo que acabo siendo considerado como trilogía siniestra del grupo, complementada por *Faith* y *Pornography* (1982). Lógicamente, a la hora de dar este giro de estilo, hubo factores más decisivos que el propiciado por la influencia del icónico filósofo alemán.

El entorno era propicio para ello, iniciado por la revuelta post-punk, anunciada por John Lydon ya en 1977:

Todo comenzó a gestarse en julio de 1977 en The Punk and His Music, un programa de la estación londinense Capital Radio. Si en diciembre de 1976 los Pistols habían «oficializado» la amenaza punk, ahora Rotten estaba dispuesto a echarla por tierra mediante su reinvención con su propio nombre, John Lydon, y una selección musical de sus gustos personales, que preconizó su propia venganza al frente de Public Image Limited; a la postre, la cabeza de león que guió a las nuevas manadas postpunk surgidas entre 1977 y 1978, concienciadas para desenmascarar las propias limitaciones sonoras que entrañaban el punk facturado desde su puesta en escena en 1976 por medio de los cabecillas del movimiento, Sex Pistols.

Si, en esencia, el punk no era más que una adaptación del rock & roll de los años cincuenta y el garage rock de los sesenta, quién iba a demostrarlo fue precisamente uno de sus máximos representantes: un Lydon hastiado de la falta de imaginación de un género que, más allá de su inspiración *do it yourself*, a lo más que había llegado era al hermanamiento con el reggae como vía de escape a sus plantillas eminentemente rock.

Tal como relata el periodista británico Simon Reynolds en su libro *Postpunk: romper con todo y*

empezar de nuevo: «Empalmando segmentos de entrevista y una selección de discos que el propio Lydon había armado especialmente para la ocasión, The Punk and His Music dejó en evidencia que el cantante tenía un gusto musical mucho más sofisticado y ecléctico que lo que su imagen pública podía sugerir. Aquellos que sintonizaron la radio esperando punk y solo punk se quedaron automáticamente helados frente a la primera elección de Lydon, «Sweet Surrender» de Tim Buckley, una canción R&B exuberante, sensual, atravesada por arreglos de cuerda. Lydon continuó alterando las expectativas durante los noventa minutos siguientes, pasando una lánguida selección de roots reggae, temas solistas de los ex integrantes de Velvet Underground Lou Reed, John Cale y Nico, una sorprendente cantidad de música "hippie" cortesía de Can, Captain Beefheart y Third Ear Band, y, finalmente, dos temas de su héroe personal Peter Hammill, un rockero progresivo con todas las letras. Casi todo lo que Lydon puso ese día en Capital Radio desmentía el mito punk que sostenía que los primeros años de la década del setenta habían sido, musicalmente hablando, un baldío cultural. Y, como si todo esto no fuera ya traición suficiente, Lydon también rompió con el rol de terrorista cultural que Malcolm McLaren había guionado por y para él, mostrándose, en efecto, como un esteta. Además de lo sofisticado de sus elecciones musicales, la entrevista revelaba, en vez de al monstruo de las leyendas de los tabloides, a un individuo sensible y amable».

La reacción en cadena generada por este programa fue más importante que cualquier disco en sí mismo. El efecto no se hizo esperar, llegando a The Cure en un momento en el que grupos como ellos, Siouxsie & The Banshees, Wire o Gang Of Four evolucionaban en formas nuevas en cuestión de meses. *Seventeen Seconds* fue la prueba definitiva de dicha dinámica.

«Estábamos en la casa de los Smith, en Crawley, cuando Robert nos enseñó un casete para que lo escucháramos», comentó Tolhurst en su momento para *Sounds*. «Me sorprendió la belleza mínima de las canciones. Dentro de esta vista previa de lo que se convirtió en *Seventeen Seconds*, escuché un paisaje sónico glacial que reflejaba mi propio sentimiento

Malcolm McLaren, mánager y agente de los Sex Pistols.

de soledad en ese momento.» Para capturar el aislamiento absoluto que sentían tanto Smith como Tolhurst, la pareja regresó a Morgan Studios con el reemplazo de Dempsey por Simon Gallup, en el bajo. The Cure también se vio reforzado por la incorporación de Matthieu Hartley a los teclados y la pérdida de influencia de Parry para cualquier tipo de decisión creativa en torno al proceso creativo del disco.

Simon Gallup, bajista de The Cure.

«Con el dinero ganado con *Three Imaginary Boys* compré diez días de estudio», comentó Smith a *Rolling Stone* en su momento. «Finalmente, sólo usamos ocho, así que recuperé mi dinero de los dos últimos, lo cual fue una suerte porque pudimos gastarnos mucho más dinero en cerveza. Dormíamos en el viejo Morgan Studio One, que era un poco espeluznante, ya que solía ser una iglesia», dijo Tolhurst para la misma revista. «Sobre el techo nuevo había un viejo techo hecho de vidrieras. Cuando el estudio estaba oscuro, se hacía visible en una especie de resplandor fantasmal. A las cuatro de la mañana, parecía casi de otro mundo».

La vida bella no era algo que se expresara de forma literal dentro de los conceptos que sustentaban la visión que Robert Smith y Tolhurst crearon de su paso por la adolescencia. Al igual que las manifestaciones existencialistas más rotundas de las camadas postpunk, The Cure se forjó en torno a una intención central: partir de un lugar de origen deprimente, al igual que el Manchester de casas enjauladas del que provenían Joy Division o toda banda postpunk surgida de la zona industrial del norte inglés, como Sheffield, de donde surgió Cabaret Vol-

Matthieu Hartley, el teclista.

taire, quizá la expresión musical más representativa de las necesidades expresivas surgidas de la miseria emocional que destilaban las ciudades industriales inglesas en los años setenta.

La vida en aquella Inglaterra desfocalizada del epicentro social no era un regalo, sino una prueba de supervivencia que partía de la perspectiva con la que se enfocaba. En este sentido, las canciones cocinadas por Smith y los suyos en aquella transición entre los años setenta y los ochenta se definen por surgir de espacios inhóspitos del subconsciente humano. Imaginario captado en blancos cegadores, como el ideado para la portada de *Seventeen Seconds*, desde la que se transmite una sensación inquietante de duermevela entre pesadilla y realidad, e incluso de pesadillas agónicamente reales.

La confusión entre lo terrenal y el mundo onírico fue siempre un punto de partida para la orquestación de canciones como «A Forest», la cual ejerció de abanderada oficial en su trasvase del punk tipo cartón piedra ejecutado en sus inicios como banda a la renovada dimensión tecnológica con la que dotaron de inquietante pulsión sinte el conjunto mayor de las canciones que integran su denominada «trilogía siniestra».

En cuanto a la relevancia de «A Forest» en la constitución del sonido del grupo, «Robert me dijo que pensaba que él y yo podíamos producir el disco más a su gusto que si lo hiciera un tercero, y que quería la libertad que eso le otorgaba», explica Mike Hedges para *Sound On Sound* al respecto de la producción llevada a cabo en *Seventeen Seconds*. «Al mismo tiempo, Smith quería obtener un sonido más inusual que el conseguido en el primer álbum, algo diferente a la grabación estándar. Como ingeniero de sonido, tenía muchas, muchas ganas de experimentar, y Robert me animó a hacerlo. Así, como coproductores, él estaba a cargo de la dirección musical mientras yo me ocupaba de la dirección sonora. Los miembros de la banda eran muy individualistas, así que yo quería conseguir un sonido realmente individualista, y esto me llevó a experimentar un poco y a cambiar el equipo con el que trabajaba habitualmente. De esta forma, Robert consiguió un mejor amplificador de guitarra y una mejor guitarra (creo que cambió a una *Fender Jazzmaster*) y también tenía la guitarra *Woolworths Top Twenty* que había usado en el primer álbum. Pero no querías apoyarse demasiado a través de estos dos instrumentos».

«En verdad el sonido de la batería fue lo que, en gran medida, definió la dirección sonora del álbum», continúa Hedges, cuyo asistente Mike Dutton fue acreditado como coingeniero. «El micrófono de contacto C-ducer acababa de llegar a la escena en ese momento, y después de probarlo en otro estudio, decidí microfonear todo el kit de batería con el mismo. Inicialmente probé el micrófono en otros instrumentos, no en la batería, pero luego, cuando lo probé brevemente en la batería, pensé: "Dios, así suenan fantásticos". No hay absolutamente ningún desfase entre los diferentes tambores cuando usas un C-ducer: cada tambor suena completamente por separado. Por lo tanto, cada parte del kit fue microfoneada con micros C-ducer: bombo, caja, hi-hat, tres o cuatro Rototoms y dos platillos crash. Todo esto nos proporcionó un sonido de batería muy muy contenido, sin ningún espacio. Todo suena muy cercano, no hay sonido ambiente en absoluto, y luego usamos reverberaciones y delays para conseguir las formas y los tamaños del sonido. Creo que el hecho de que los tambores tuvieran tan poco sonido ambiente y fueran tan estériles y fríos realmente crearon el estado de ánimo que tanto deseábamos tanto.»

«Con "A Forest" quería hacer algo que fuera realmente atmosférico y que tuviera un sonido fantástico», recuerda Smith para *New Musical Express*. «Chris Parry dijo: "Si consigues que este sonido sea *radio-friendly*, vas a tener un gran éxito en tus manos ". Y yo le respondí: "Pero así es como suena. Este es el sonido que tengo en mi cabeza. No me importa si es compatible con la radio ". A veces pienso que deliberadamente estoy evitando que The Cure tenga más éxito, pero no es así. Una de las razones por las que a la gente le gusta la banda es porque nunca están seguros de lo que sucederá a continuación. Si fuéramos predecibles, no habríamos durado tanto tiempo.»

1977 fue el año posterior a la salida de *Low* (1976), de David Bowie. Durante aquella época, Tolhurst y Smith estaban obsesionados con este disco. Y fue de gran influencia a la hora de conseguir emular el sonido abierto de batería logrado por Dennis Davidson que lograron en las sesiones de grabación de *Seventeen Seconds*.

Pero *Low* no es la única referencia sobre la que se edificó la impronta sónica de *Seventeen Seconds*. El propio Smith llegó a reconocer que en aquella época los discos que más escuchó

Low (1976), de David Bowie.

fueron *Five Leaves Left* (1969) de Nick Drake, el directo *Isle Of Weight* (1971) de Jimi Hendrix, «*Astral Weeks*» (1968) de Van Morrison, además del Khachaturian's Gayane Ballet Suite. Smith quería condensar todas estas referencias, aparte de *Low*, en un híbrido extraño que se pudiera interpretar con la mínima instrumentación posible.

Finalmente, *Seventeen Seconds* fue publicado el 22 de abril de 1980. El LP alcanzó el vigésimo puesto en la lista de ventas británica de álbumes. Nick Kent, de *New Musical Express*, comentó del disco que «para muchos puede parecer una progresión válida. Sin embargo, lo encuentro deprimentemente regresivo. Aun así, espero con gran interés la llegada de su próximo movimiento».

Por la parte de otro clásico de la prensa británica, como Chris Westwood, sus palabras para *Record Mirror* fueron las siguientes: «Estos son unos The Cure solitarios y perturbados, sentados en habitaciones frías, oscuras y vacías…». Por su parte, desde otra publicación top como *Sounds*, Phil Sutcliffe proclamó que «con *Seventeen Seconds* habían enfatizado valientemente sus extremos como una banda de estado de ánimo gris azulado y emoción sin emociones fáciles que ofrecer», y agregó: «Smith retrata emociones con una rara intensidad una sensación metafísica de aislamiento y soledad».

Desde otro medio sagrado de la prensa musical británica como *Melody Maker*, James Truman escribió que «*Seventeen Seconds* funciona como un drama televisivo lúgubre: vagamente desorientador, fugazmente atractivo y evocador, pero sin sentido». Por la parte de otro miembro de la misma revista, Adam Sweeting, criticaba negativamente el álbum, dejando escrito que cuando apareció *Seventeen Seconds* fue un shock. «Atrás quedaron las canciones sucintas y ágiles, reemplazadas por piezas más largas y menos definidas. El estado de ánimo que prevalecía era marrón, desvaneciéndose en gris.»

La reflexión más atinada respecto a *Seventeen Seconds* tuvo que llegar de la mano de Paul Morley, cronista oficial de la generación postpunk, que hasta aquel momento había escrito las palabras más emotivas respecto al impacto de Joy Division en la cultura pop británica de finales de los setenta y comienzos de los ochenta.

Paul Morley, cronista oficial de la generación postpunk.

En el caso de Morley, hay que ponerse en contexto, ya que cuando *Three Imaginary Boys* vio la luz, su crítica fue negativa. Sin embargo, con *Seventeen Seconds*, escribió un artículo titulado «Days of Wine and Poses», el 12 de julio de 1980, en el cual elogió de forma sobresaliente los atributos de un LP que consideró como «extraordinario», del cual rubricó que contiene la agonía silenciosa del amor y la pérdida, una sensación constante de distanciamiento entre personas, lugares, pasado y presente. *Seventeen Seconds* es un LP de melancolía romántica, de angustia y finalmente de terror. Ni más ni menos.

Hijos bastardos de las pesadillas ballardianas, obsesionados con el cambio constante, amantes de las sombras proyectadas por el dub, investigadores de nuevas texturas sonoras, infectados por la polirritmia africana, indagadores del estudio de grabación como si se tratara de un laboratorio repleto de posibilidades, herederos de la pulsión cósmica de Can, reivindicadores de escritores antes que de otros grupos musicales e influidos fuertemente tanto por bandas como la Velvet Underground y The Doors como por directores de cine, filósofos o novelistas, The Cure tenían claras sus convicciones en 1981.

Tras haber pegado un golpe de timón tan contundente como *Seventeen Seconds*, Robert Smith se dejó llevar por el impacto que tuvo *Closer* (1980), segundo álbum de Joy Division, cuya atmósfera cuasi ascética de la cara B define la blancura del sonido ideado por Smith y los suyos para la confección de un disco que, tras escuchar su contenido, no se podía llamar de otra manera que no fuera *Faith*.

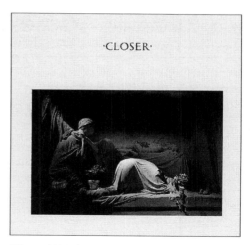

En esta ocasión, las llagas de la educación recibida por Smith y Tolhurst en su infancia definieron su manera de actuar. Así como lo explica este último

Closer (1980), segundo álbum de Joy Division.

en sus memorias: «Surgimos de una estricta educación católica. Por alguna extraña razón, o quizá no tanto, este entorno tiende a crear artistas y músicos de cierta intensidad. A lo largo de los años he tenido varias conversaciones con Robert sobre la naturaleza de la fe y creo que los dos nos hemos tomado la música y la creación artística como diferentes formas de buscar respuestas. A mí me han abierto la mente de un modo que me ha permitido entender un poco mejor las preguntas recurrentes que he tenido dando vueltas por mi cabeza desde que éramos adolescentes. Me parece que para Robert The Cure siempre ha sido un camino para focalizar esas ideas, y en el trabajo expresivo de las mismas Robert llega a la realización. Los fans lo perciben y por eso son tan incondicionales. Entienden que hay una honestidad inherente en todo lo que hacemos».

Pero para entender en profundidad el origen hay que trasladarse en el tiempo, cuando la madre de Smith lo llevó al Vaticano a conocer el papa Juan XXIII. Tal como lo recordó la voz de The Cure en *The Face*: «Hubo una misa y lo llevaron en una silla. Le agarré la mano».

En 1980, ya no quedaba rastro de fe católica en Smith. Sin embargo, se encontraba moribundo debido a la ausencia de una motivación espiritual a la que agarrarse. Durante todo ese año, estuvo rondando las iglesias de Crawley. Los rostros de los devotos le generaban una especie de envidia. Él no tenía nada en lo que creer. «Yo estaba perdido. Pensaba en la muerte y miraba a la gente en la iglesia y sabía que estaban allí sobre todo porque querían la eternidad», llegó a decir Smith. «Me di cuenta de que ya no tenía fe en absoluto, pero sí tenía miedo».

Las entrañas argumentales de *Faith* provienen de esta búsqueda contradictoria. Una que Smith sabe que le va a transportar a aquello de lo que él mismo abdicó, pero también le va a alejar de aquello que ha perdido irremisiblemente, su infancia. En este sentido, su estado no difiere en demasía con el vacío que Ian Curtis vivió poco antes de poner fin a sus días. El blanco mortuorio de la portada de *Closer*, su testamento discográfico, se traslada a la sensación espectral que recorre toda la carpeta del tercer LP de The Cure, marcado por unas circunstancias desoladoras, que Smith explicó con detalle a *Rolling Stone*: «En aquellos momentos, todos los miembros de la banda tuvieron que lidiar con la muerte de algún miembro de su familia, y eso realmente influyó en *Faith*. Las demos iniciales que hicimos en el comedor de la casa de mis padres eran bastante optimistas. Luego, en unas dos semanas, todo el estado de ánimo de la banda había cambiado por completo. Escribí "The Funeral Party" y "All Cats Are Grey" en una noche, y eso realmente marcó la pauta a seguir del álbum. Cuando en la gira tocábamos la cara B de este álbum el estado de ánimo se volvía muy sombrío. No era algo particularmente saludable, porque estábamos reviviendo un momento realmente malo, noche tras noche, y se volvió increíblemente deprimente. Así que tengo sentimientos encontrados sobre *Faith*.

Por otro lado, mucha gente alrededor de la banda comenzó a reaccionar mal ante el hecho de que estábamos teniendo éxito, en una escala muy limitada. Había muchos celos. La gente decía: "¡Has cambiado!". Habíamos cambiado porque no íbamos a los mismos pubs todo el tiempo, porque estábamos de gira por Europa. Así que perdimos muchos amigos y nos volvimos mucho más insulares. Simplemente bebíamos hasta perder el conocimiento y tocábamos estas canciones».

Curiosamente, el 4 de marzo de 1979 Joy Division fueron teloneros de The Cure en la sala Marquee. Las coincidencias con el binomio Joy Division-New Order es algo que estará muy presente a lo largo de su trayectoria, como una especie de reflejo paralelo en la distancia.

Durante la grabación de *Faith*, la abuela de Tolhurst quedó postrada en la cama y la de Robert Smith murió. La sensación de luto recorre las venas de unas canciones que se encuentran con un racimo de preguntas existencialistas acerca de la muerte. Las mismas que se concentran en un título tan elocuente como «The Funeral Party», corte imbuido en una versión contraria a la placidez de los códigos ambient, los cuales subvierten al igual que lo hicieron Joy Division en «Atmosphere» (a su vez, el título de una canción perteneciente al disco grabado en 1976 por Brian Eno junto a Harmonia, grupo alemán krautrock básico en la constitución del sonido característico de la kosmische alemana en los años setenta), apostando por la exposición en carne viva, en vez de hacerlo por la evasión planeadora habitual.

Los rasgos identificativos de «The Funeral Party» hacen pensar en una antesala en modo borrador esquelético de *Disintegration*. La tendencia por una elegía sintetizada se prorroga en «All Cats Are Grey», una de las piezas más estremecedoras de la carrera de The Cure. Inspirada por la muerte de los abuelos de Smith, en este corte sobrevuela el mismo horror mundano que en «The Funeral Party», canciones que duelen por la cercanía de los retratos descritos de la realidad proveniente de su contexto, en las que Smith repta como un fantasma de paseo por los recuerdos que han hecho sangre en su memoria. Tanto que el propio Smith llegó a reconocer en 1999 para *Mondosonoro* que no podría escuchar *Faith* si hubiera estado bebiendo. De ser así, se echaría a llorar.

Para Mike Hedges, la experiencia de trabajar en la producción de *Faith* fue algo definitivo. «No era algo con lo que poder alegrarte, pero

sí era algo que realmente te daba que pensar», dice Mike Hedges para *Sound On Sound*, quien se retiró del círculo anexo a The Cure después de coproducir y diseñar el tercer álbum de la banda porque, según él mismo admitió: «Era tan introspectivo y tan deprimente que su atmósfera nos atrapó a todos. Es un disco oscuro, muy oscuro, y cuando trabajas en algo así no te ríes ni sonríes todo el tiempo. La música te afecta mucho y para cuando la terminamos yo estaba al borde de un ataque de nervios. Dios, estaba deprimido. Quiero decir, no nos peleamos ni nada de eso en el estudio. Fue jodidamente miserable. Tomaba una copa y me relajaba entre sesiones, pero nos tomamos las grabaciones en sí mismas muy en serio. Robert tuvo un torrente catártico de emociones en ese álbum, y por eso nos afectó a todos».

La cercanía amenazante de las canciones de Smith dio pie a críticas que en su momento se cebaron por la depresión exhalada por los surcos de *Faith*. Un disco sombrío, calificado de pretencioso y como la cara moderna del pinkfloydismo. Publicaciones como *Record Mirror* o *New Musical Express* no tuvieron piedad con un LP del cual el propio Smith renegó en su momento, pero del cual llegó a reconocer en 1999 que se trata de uno de sus discos favoritos al frente de The Cure.

The Cure lanzaban *Faith* un 14 de abril de 1981.

La exposición personal demostrada en *Faith* es de un vouyerismo prácticamente impúdico, ligado a expresiones hechas desde el precipicio personal como lo fueron en su momento *Pink Moon* (1972) de Nick Drake, *Third/Sister Lovers* (1978) de Big Star y, cómo no, *Closer* de Joy Division. Dicha aureola fatalista se adhiere a la piel de unas canciones con pista libre para ser descartadas por sus autores en cuanto se ven reflejados de forma tan elocuente en las mismas. Esto fue lo que le pasó a Robert Smith en un momento en el que las emociones estaban a flor de piel y el virus de la juventud es la guía que mide las decisiones del día a día.

En 1982, el desarrollo del postpunk se fue derivando en diferentes estilismos new pop. Scritti Politti fue el ejemplo más elocuente de todos. Aunque también la ramificación synthpop, con 1981 como año de consolidación total. A lo largo de los doce meses de aquel año, se fueron sucediendo diferentes actos de alquimia sinte, de la mano de grupos con la solera de Depeche Mode, O.M.D., The Human League, Soft Cell y John Foxx, entre muchos otros. El dominio de la metodología cibernética del sonido era una realidad confirmada en las posiciones regias de los charts de ventas, el hábitat natural de buena parte de lo que había partido del multicolor vivero postpunk facturado en 1979. *The Face* y *New Musical Express* se frotaban las manos. No en vano, habían encontrado un rebaño de ovejas al que iban a apoyar en su repetida clonación hasta que quedara borrado todo rastro de matiz diferenciadora.

Pero antes de que dicho proceso se llevara a cabo, el punto de inflexión para la revolución synthpop vino de la mano de un hecho transcendental: el número uno cosechado en las listas de ventas por The Human League logrado a finales de 1981 con «Don't You Want Me». Dicho single, luego llegó, además, a la cima de los rankings estadounidenses.

Otros éxitos de gran enjundia fueron los conseguidos con el single «Tainted Love» de Soft Cell y el álbum *The Lexicon Of Love* (1981), de ABC. Semejante crisol de lanzamientos de espíritu glamuroso fueron enormes éxitos en el *Billboard*. Pero fue «Don't You Want Me» el tema que vaticinó una nueva invasión británica en los Estados Unidos. Allí, las bandas de estilo new pop tardaron casi un año en dominar el mercado, pero en el Reino Unido -mucho más reducido y concentrado mediáticamente- hubo un cambio de para-

The Lexicon Of Love (1981), de ABC.

digma instantáneo. En los primeros meses de 1982, fue como si alguien hubiese apretado un botón para irrigar los rankings con una dosis rejuvenecedora de color, exuberancia y optimismo, que eliminó los resabios de la música de los setenta e instaló en su lugar a una nueva camada de jóvenes aspirantes a la fama.

Formaciones como Altered Images, Haircut 100, The Associates, Depeche Mode, ABC, Bow Bow Bow, Japan, Fun Boy Three y New Order son las que delineaban un renovado mapa pop inglés, borracho de sensaciones optimistas.

Todas estas nuevas camadas pop, rebosantes de vitalidad, contradecían la evolución planteada por The Cure, a quienes la adhesión a formatos musicales más luminosos era todo lo contrario de lo que tenían en mente en aquel momento.

Las consecuencias de crecer en un sitio como Crawley en los años sesenta y setenta es algo que, inevitablemente, alimentó la necesidad de evasión ante la realidad de unos adolescentes como Smith y Tolhurst. Las salidas más habituales en aquellos años no provenían de una evasión internauta, sino del pasamanos más concurrido hacia la rutina autodestructiva. La misma que Smith llegó a explicar a Brian Molko, el líder de Placebo, en una conversación para la revista *Les Inrockuptibles*, en 2001: «Yo estaba preso en un círculo vicioso. La inspiración era continua. Éramos veinteañeros. Lo dábamos todo. Durante las giras nos preguntábamos quién de nosotros moriría primero. Estaba extrañamente feliz de vivir en el exceso, era algo obsesivo. Pero al final no lo soportábamos más. Se convirtió en algo muy violento…».

A partir de este punto de partida, se puede describir la odisea desenfrenada vivida por el grupo durante la época correspondiente a *Pornography*, a lo largo de 1982. En aquellos tiempos, la imagen de Smith comenzó a estar más cerca de un personaje escapado de una viñeta de Neil Gaiman que de una presencia real, tangible. La imagen que muestra en videoclips como «Charlotte Sometimes» y «The Hanging Garden», ambos publicados el nueve de octubre de 1981 y el doce de julio de 1982, respectivamente, son una representación grotesca de la androginia. No hay misterio ni rastro de glam new romantic en su rostro, sino el borrado humano de unas facciones escondidas tras una máscara que recuerda a la de una geisha atrapada en el centro de una pesadilla. En aquel momento, la representación siniestra del grupo alcanzó el grado sumo por medio de su imagen, pero sobre todo por la confección de *Pornography*, un disco que enarbola la representación más fidedigna que se haya hecho jamás en el universo pop sobre la autodestrucción personal y el infierno de Dante postpunk.

Los labios pintados al vuelo de Smith expresan la locura condensada en las canciones de un disco que, tal como explica Tolhurst en sus memorias, tiene más que ver con la representación psicodélica a través de la genética baudelariana adoptada durante la era punk. «La forma de entender The Cure y su vínculo con la psicodelia tiene que pasar por el filtro del punk. El punk fue lo que cambió toda nuestra vida. Robert y yo teníamos diecisiete años cuando el punk

ith y los suyos siempre renegaron de las corrientes góticas.

llegó a lo grande. Siempre le digo a la gente que Joe Strummer fue quien me dio permiso para ser músico porque hasta aquel momento no teníamos un modelo mediante el cual saber lo que podíamos hacer y lo que no. El punk puso las cosas de nuestro lado y en ese momento sabíamos cómo hacerlo. Tuvimos muy claro que ese siempre tenía que ser el filtro».

Al hablar de The Cure, siempre sale a colación la etiqueta «gótico»; sin duda, la gran losa a la hora de valorar con suficiente perspectiva la trayectoria del grupo. Si bien es cierto que Smith y los suyos fueron la banda que puso las bases de toda esa corriente, sin querer, también lo es que, mientras grupos como Bauhaus se alejaron rápidamente de su interesante mezcla inicial entre glam áspero y postpunk industrializado hacia una pose de propensiones más épicas, The Cure estaban más interesados en seguir añadiendo nuevas personalidades sonoras a su matriz original. Mientras The Cure se movían empujados por una inquietud vertiginosa, el resto de las camadas góticas estaban más preocupadas de representar un teatro de cuero negro y rímel oscuro de brocha gorda. La proyección visual se comía a unas bandas que habían acabado por convertirse en replicantes machacones de Joy Division, los de canciones como «Day Of The Lords» y «New Dawn Fades». Ampliando las sombras de este sonido heredado, otras formaciones míticas del rock gótico, como Bauhaus y Sisters Of Mercy, se habían acabado por perder totalmente entre éstas. Al fin y al cabo, estamos hablando de bandas que, como Bela Lugosi en su obsesión por ser un vampiro real, se creyeron tanto su papel que se convirtieron en máscaras con lifting de su propio sonido.

En las antípodas de esta situación estática, The Cure fueron una isla en continuo movimiento. Aceptados dentro del movimiento gótico, pero renegando de él; y excluidos del círculo más sustancioso del postpunk, debido a su esencia más cercana al surrealismo y cierta esencia psicodélica malévola.

Como en todas las verdaderas obras de arte (aunque también lo sean de destrucción), el tiempo nunca pasa por ellas. No aparecen grietas en su sonido. En consecuencia, la denominada trilogía siniestra del grupo significó el punto más turbador e intenso en toda la carrera labrada por The Cure, el fruto del trienio más intenso en sus vidas, tanto a nivel personal como dentro del plano artístico.

Para cerrar dicha sucesión de discos sin filtros ni tapizados que puedan aligerar su devastadora carga emocional, The Cure se sacaron de a manga *Pornography*, álbum por el cual Tolhurst se preguntaba lo que estaba pasando con los sonidos contemporáneos de principios de los ochenta en *Sounds*. «*Pornography* también es fantásticamente denso, pero lleno de textura, lo cual es perfecto para tener un buen viaje», dice Smith. «Muchos de los mejores discos suenan en tres dimensiones y la psicodelia significa mucho más que las camisas de cachemira y los años sesenta. Incluso el punk estaba teñido de psicodelia, y la música en el noroeste de Inglaterra siempre ha tenido ese brillo, el llamado *goth*. Dicho período estaba entrelazado con lo lisérgico: se volvió negro. Sé con certeza que los Banshees estaban inmersos en ese mundo, pero crearon una narrativa de viaje a principios de los ochenta que realmente les convenía, y The Cure se había estado construyendo a sí mismo para literalmente y físicamente volarle la cabeza a la gente».

Por otro lado, la imagen y sonido enhebrados en *Pornogrpahy* obedecen a una gran contradicción, en el caso de Smith, expuesta durante la promoción de *Bloodflowers*, su LP publicado en el 2000, en *Mondosonoro*: «Es cierto que mi imagen se ha convertido en icónica para el movimiento siniestro, pero eso no es culpa mía, yo no lo pedí. De hecho, he intentado con todas mis fuerzas destruir esa imagen con temas como "Friday I'm In Love ". La oyes y piensas ¿cómo coño puede la gente seguir pensando que The Cure es un grupo siniestro? El público general nos ve como un grupo pop, pero parte de los fans quiere que The Cure sea esta banda oscura, y me temo que *Bloodflowers*, a pesar de todo lo que yo pueda decir, nos va a volver a posicionar como esa banda oscura y siniestra. Tampoco me molesta, pero a menudo provoca decepciones cuando la gente me conoce y se dan cuenta, como puedes ver, de que no soy esa persona misteriosa que se presupone. Por eso nunca he hecho cosas con el grupo pensando en agradar a los fans. De hecho, la única vez que he hecho algo para intentar afectar a los fans de alguna forma, en ese caso desagradarles y librarme de un cierto tipo de público, fue con "Let's Go To Bed" en 1982».

Tolhurst explica cómo en aquel 1982 su atuendo era severo y austero, igual que el estilo monocromático de la luz. Robert llevaba camiseta blanca y pantalones negros, «yo llevaba una camiseta gris con broches y pantalones también grises y Simon iba con su chamarra de cuero, sus pantalones ajustados y sus botas. Iba algo diferente. Pero el gran cambio estaba en el maquillaje. Durante el tour de *Faith* nos dejamos el pelo largo, pero en *Pornography* el peinado se convirtió en todo un tema. Empezamos a enredarlo, nos lo rociábamos con grandes dosis de gel y le dábamos forma. Nuestra apariencia también estaba en continuo movimiento, nadie hubiera podido imaginar por aquel entonces que Robert se iba a presentar con los labios y los ojos pintados de rojo carmesí. El impacto que creaba era enorme, sobre todo con la gente con la que se cruzaba antes de subir al escenario. Parecía como si le sangraran los ojos o se los hubieran arrancado con un cuchillo. Era una pose, pero creaba controversia. La gente nos dirigía sonrisas incómodas si nos veían antes o después del concierto. El maquillaje de Simon y el mío eran una versión rebajada del que llevaba Robert. Considerábamos que era a él a quien le correspondía tener la versión más extrema para emocionarse cantando el paquete de canciones agresivas que componían *Pornography*. Como bien dijo Robert: "Quiero que sea un disco que joda a todo el mundo "». Dicho y hecho.

Para la confección de *Pornography*, uno de los nombres que surgieron para la producción fue el de uno de los ideólogos mayores del krautrock, cerebro detrás del concepto motorik. «Robert y yo conocimos a Conny en las oficinas de Fiction y nos cayó muy bien», recuerda Tolhurst. «Era un gran hombre alemán melancólico que vestía de cuero negro, de pies a cabeza, y pensamos: "¡Oh, es un tipo genial! ". Acababa de trabajar con Killing Joke y nos dijo: "El sonido es un gran animal que tienes que controlar ". Nos encantaba todo eso».

Conny Plank, cerebro detrás del concepto motorik.

Finalmente, la opción de Plank no llegó a consumarse. Pero el mero hecho de haber sido la primera opción para el puesto de productor plantea la pregunta de cómo habría sonado *Pornography* en sus manos; seguramente, más matemático rítmicamente y empujado por una intensidad menor, pero

Phil Thornalley, el ingeniero de sonido que trabajó en el disco.

lo desconocemos. Lo que sí conocemos es el trabajo de Phil Thornalley, que fue quien tomó las riendas finalmente del disco. En aquel momento, Thornally era un chico de apenas veintidós años que había sido ingeniero de sonido en Mickie Most's RAK Studios, en Londres. La recomendación de contar con sus servicios provino de Steve Lillywhite, que ya había trabajado con él de ingeniero en discos de Talk Talk y Psychedelic Furs.

«Nos propusimos conscientemente hacer algo tan extremo como pudiéramos», dice Tolhurst. «Phil estaba bastante lejos de nosotros en muchos sentidos, pero lo que respetaba era la visión.»

«Una de las ideas centrales que teníamos en torno a la pornografía era que lo que el mundo que nos rodea consideraba pornográfico, nosotros no», dice Tolhurst en sus memorias. «Los cuerpos de las personas no son pornográficos. Lo que era pornográfico para nosotros era la forma en que las personas se trataban entre sí y cómo los sistemas políticos destruyeron a las personas y ese tipo de intolerancia. Eso es lo que estábamos tratando de transmitir».

Que la primera frase escupida por un disco sea «no importa si nos morimos todos» es una declaración de intenciones que, en ese caso, define la atmósfera dantesca tejida en «One Hundred Years», primer peldaño hacia los infiernos del grupo comandado por Robert Smith. Dicho corte es una muestra contundente de lo que nos espera a lo largo de un trabajo grabado en tres semanas repletas de instantáneas antológicas de lo que supone descender hasta el precipicio de uno mismo, con escenas tan consecuentes con su estado ánimo como las montañas de latas de cerveza que fueron apilando en el estudio y que pidieron expresamente que no se limpiaran.

Sumidos en un enfermizo consumo de alcohol y drogas, *Pornography* desprende la brutalidad de tres tipos que, en aquel 1982, estaban exhaustos debido a una gira con más de doscientos conciertos a sus espaldas. En cierta manera, este corte es la representación más fidedignamente posible del estado de paranoia alcanzado, con esa cuchillada eléctrica obsesiva de Smith, la línea de bajo

Simon Gallup, bajista del grupo, en plena actuación.

devastadora de Simon Gallup y esos tintes de aura gótica, que envuelven hasta el postrero latido de tan generosa demostración de intensidad a mansalva.

«The Hanging Garden» fue el único single extraído del disco, el cual sucedió a «Charlotte Sometimes», un desgarro pop desbocado de intimidante proyección emocional que anticipó los vertiginosos rasgos existencialistas que alimentan cada átomo de *Pornography*.

En el videoclip realizado para este corte, podemos ver por primera vez el icónico pelo cardado de Smith, imagen patentada que, salvo en algún caso muy concreto, ya no abandonó nunca más. En el videoclip, dirigido por Chris Gabrin, la alusión al suicidio codificada en la letra de la canción toma forma absoluta mediante una representación de máscaras alusivas al estado de trastorno absoluto en el que vivía el trío en aquellos tiempos. No en vano, el propio Smith recalcó que para la grabación del videoclip quería que se les viera totalmente enajenados.

Este tema es una muestra fidedigna de la seña de identidad marcada por las profundísimas y demoledoras líneas de bajo desplegadas por un Gallup que ya daba pistas de cómo sería el esqueleto rítmico de lo que, siete años después, fue *Disintegration*, piedra filosofal del sonido patentado por The Cure.

Al igual que el retumbar antológico originado por las cuatro cuerdas del bajo pulsado con inusual fiereza

La influencia de Siouxsie & The Banshees marcó algunos pasajes del disco.

metronómica por Gallup, el toque de batería obsesivo, entre ceremonioso y tribal, ejecutado por Tolhurst se convirtió en parte intrínseca del ADN moldeado en este LP. En esta canción en particular, el golpeo de Tolhurst es sincopadamente enfermizo, mecánico, sin alma, doblemente impactante por el uso trascendental que hicieron de los espacios abiertos para su grabación.

En «Siamese Twins», las heridas siguen tan abiertas como en el resto de canciones precedentes. La influencia de Siouxsie & The Banshees se hace evidente a lo largo de los cinco minutos y medio de tempo tortuoso, con el que cierran una primera cara, definitivamente, angustiante. Una que define al dedillo lo que Smith expresaba acerca de la recepción del disco: «Hay un cierto tipo de fan de The Cure que considera *Pornography* con más estima que cualquier otra cosa que hayamos hecho. Pero, en aquel momento, la mayoría de la gente lo odiaba. Son las únicas canciones que hemos tocado donde la gente se iba o tiraba cosas después de asistir a nuestros conciertos. Pero entonces probablemente no éramos tan buenos sobre el escenario».

Si «Siamese Twin» es un dique a la deriva, la canción que cierra tan angustioso trayecto expone la claustrofobia en toda su crudeza. Una para la que, tomando como ejemplo *My Life in the Bush of Ghosts* (1980) de David Byrne y Brian Eno, vertebran una atmósfera invernal y cortante de voces sampleadas, extraídas de un documental sobre sexo.

La depravación autodestructiva se hace carne en esta canción, que refrenda lo que Smith expresa en estas citas recogidas en *The Quietus* cuando le toca recordar lo que significó la grabación de este álbum: «Nos sumergimos en el lado más sórdido de la vida, y tuvo un efecto muy perjudicial en todos los miembros del grupo. Nos pusimos en contacto con algunas películas e imágenes muy in-

quietantes para ponernos de humor. Más tarde, pensé: "¿En verdad, mereció la pena?". Estábamos solo en la veintena, y nos sorprendió más de lo que me había dado cuenta. Sobre todo, por el hecho de cómo podían llegar a ser las personas de malvadas».

«No tengo buenos recuerdos de *Pornography*, pero creo que es de lo mejor que hemos hecho, y nunca se habría hecho si no nos hubiéramos tomado las cosas en exceso. A menudo, la gente ha dicho: "Nada de lo que has hecho después ha tenido el mismo tipo de intensidad o pasión". Pero no creo que puedas hacer demasiados álbumes así, porque de ser así no podrías seguir vivo».

Si en 1983 hubiera que escoger a las tres bandas británicas más excitantes del momento, no cabe duda que éstas fueron New Order, The Fall y The Smiths. Cada una en una dimensión diferente. Las tres, de Manchester. Lo más excitante de todo es que la progresiva devaluación de la sombra Joy Division había quedado definitivamente relegada a una segunda, o tercera, división de grupos mancunianos. En cuanto al trío de cabecillas, los únicos rastros palpables de la herencia Joy Division provenían de New Order y la influencia burroughsiana que Mark E. Smith compartía con Ian Curtis a la hora de escribir. En cuanto a los Smiths, ni rastro del reflejo de la patente Joy Division, que se había instaurado en todo Manchester. El grupo de Morrissey y Johnny Marr acabó fichando por Rough Trade, desde donde publicaron el single «This Charming Man», curiosamente, nacido por las prisas de preparar canciones para un programa de John Peel en el que tenían que actuar.

Hasta hacía sólo un año, The Cure pertenecía a tan sembrado pelotón, pero 1983 fue un año de transición para ellos, en el cual sobrevivir a una etapa de locura transitoria como la de *Pornography* fue casi un milagro que se llevó por delante a Simon Gallup, expulsado del grupo tras la gira del disco y subidas de tono tan desagradables como la pelea que tuvo con Smith en un pub.

Tras esta pérdida básica en el modus operandi del grupo, una de las premisas obligatorias para conseguir rehacerse a todos los niveles fue la de abrir un nuevo puente musical que conllevara un cambio radical de actitud. El objetivo, diversificar su audiencia, que se había convertido en sectaria, acólitos de la caligrafía gótica con los que Smith necesitaba poner tierra de por medio por su propia supervivencia artística y mental. No en vano, como él mismo llegó a reconocer en *Mondosonoro* durante la promoción de *Bloodflowers*, su LP publicado en el año 2000: «Después de *Pornography* me di cuenta de que estaba viviendo una especie de fantasía en la que otra gente estaba animándome a que me suicidara. Durante toda la gira había gente siguiéndonos, un número respetable de gente, que simplemente quería que yo me convirtiera en el siguiente Ian Curtis, y llegó un momento en el que pensé: "Estoy jodido si voy a dejar que me conviertan en otro muerto más simplemente porque la gente quiere que lo sea". Así que "Let's

Go To Bed" fue la forma de liberarme mentalmente de esa imagen que habían creado a mi alrededor, de ese alguien en quien me había convertido. Lo que nunca se me ocurrió pensar fue que "Let's Go To Bed" se convertiría en un hit y que en América íbamos a tener un público de adolescentes enloquecidas. Así que para librarme de una estupidez desembocamos en otra».

Esta bendita estupidez que sirvió como llave hacia una nueva era en The Cure, que para su siguiente paso discográfico siguieron con su especie de vida paralela con Joy Division/New Order. En este caso, por el indudable parecido entre la base rítmica de su siguiente single, «The Walk», y el «Blue Monday» de New Order.

«Blue Monday» fue un éxito totalmente inesperado. De hecho, llegó a convertirse en el maxi-single más vendido de la historia. En sólo tres años, New Order habían pasado de ser los miembros de una banda anclada a los demonios internos de Ian Curtis a provocar un incendio en las pistas de baile de medio mundo. Su efecto llegó al punto de intimidar a intocables de la ortodoxia electrónica como Kraftwerk, que retrasaron la publicación de su álbum *Techno Pop* hasta 1986. Dicho retraso conllevó el rebautizo para la ocasión como *Electric Café* (Kling Klang, 1986). Los moldes tecno-disco con base hip-hop de «Blue Monday» también llegaron a provocar la reacción de unos Pet Shop Boys prehistóricos, que en la búsqueda de su sonido ya habían compuesto «Keeping My Fingers Crossed», un tema con similar tempo rítmico que «Blue Monday». Tal

New Order, la banda formada por los antiguos integrantes de Joy Division.

como queda recogido en *Plural,* el ensayo escrito por Francisco Javier Barbero, la reacción de Neil Tennant al escuchar «Blue Monday» no deja lugar a la duda: «¡Maldita sea, se supone que somos nosotros los que estamos haciendo esto!».

Durante mucho tiempo, The Cure tuvo que soportar las comparaciones con una canción cuyo parecido con el hit de New Order proviene de una era en la que la diversidad de sintetizadores no era tan grande como la de hoy en día, sin más. Por otro lado, se trata de un single cuya creación supuso la calma que antecede a la tormenta. Así como lo recuerda Tolhurst es sus memorias: «Steve Nye nos ayudó a encontrar el sonido que estábamos buscando. Aparte de la guitarra y de la voz de Robert, todo lo demás estaba programado en el sintetizador Oberheim, el DB-8 y el secuenciador DSX. La batería era la relativamente reciente DMX, a la que conectamos un altavoz para que resonara más. Se parecía a una técnica que Steve Nye había utilizado antes para naturalizar el sonido de los instrumentos electrónicos. Estuve un largo rato intentando familiarizarme con el instrumento, pero el éxito fue limitado. Pude extraerle algunos sonidos, pero era difícil lograr lo que buscábamos. Después de un día de trabajo infructuoso, Steve se me acercó y me dijo algo que me ha quedado grabado para siempre.

—Lol, ¿sabes qué necesitas?

—No.

—El lpm, tío.

Le pregunté qué era el lpm y me dijo: "¡Leer el Puto Manual! ". Terminamos teniéndolo todo más o menos bajo control, excepto una cosa. Para el principio de la canción no pudimos apagar el secuenciador antes de que empezara a sonar la batería y ¡terminamos incorporándolo a la canción! Es alucinante la cantidad de incidentes y casualidades que terminan funcionando en el estudio de grabación. Robert lo llama "el factor x " porque nunca sabes el resultado que dará: a veces funciona, otras veces es horrible».

Después de la brecha emocional causada por *Pornography* entre los tres miembros de The Cure, la reconversión en dúo, con Smith y Tolhurst, sirvió de incentivo para que los dos pilares del grupo en aquellos años recobraran su amistad progresivamente. Tal como lo recuerda este último en sus memorias: «Puede sonar extraño, pero ¿hacia dónde podíamos ir después de *Pornograph* "? En gran parte, Robert proclamó que este iba a ser nuestro último álbum y gira (como ha hecho muchas veces a lo largo de nuestra carrera) para mantenernos a todos —a él y los otros componentes de The Cure— en tensión para sacar lo mejor de cada uno. Siempre lo he admirado por este deseo, a pesar de que no me guste trabajar de noche, porque me deprime no ver la luz del día. De todos modos, estaba contento de participar en el plan de reinventar la banda».

Mientras todo esto sucedía, Smith se convirtió en miembro oficial de Siouxsie & The Banshees. Tras la vacante dejada por John McKay a las seis cuerdas, fue la voz de The Cure quien llegó a tocar con el grupo durante algunas noches en la gira de *Join Hands*. En 1979. Sin embargo, Smith tenía otros planes. The Cure siempre fue su primera opción, aunque su estancia junto a Siouxsie y su mano derecha, Severin, tampoco fue la última, llegando a ser miembro oficial del grupo durante la

Hyæna es el sexto álbum de estudio de la banda británica de rock Siouxsie And The Banshees.

época correspondiente a *Hyaena* (Polydor, 1984), el sexto álbum en estudio de The Banshees. Un año antes, también formó parte de The Glove, un grupo que ideó junto a Severin, bajista y cerebro de los Banshees, pero de existencia efímera. El resultado de esta unión fue un único LP, el estimable *Blue Sunshine* (1983).

Durante aquella época, Smith se fijó en la imagen de Siouxsie. Esos pelos cardados, el maquillaje blanco, The Cure nunca habrían cimentado su estética tan personal si Smith no se hubiera topado en el camino con Siouxsie y los suyos.

A finales de 1982, se fueron sucediendo episodios creativos de gran provecho para las aspiraciones de The Cure. Uno de los cuales vino propiciado por una parada en París de cinco días, para la que Phill Thornalley y Anderson alquilaron los estudios Des Dames, de Polydor, para grabar tres canciones que subrayaron el viraje propuesto hacia cierta extravagante luminosidad pop, en este caso cifrada en las constantes jazz-pop de números tan certeros y deliciosos como «Mr. Pink Eyes». Pero sobre todo «The Lovecats», seguramente, la prueba más elocuente de la senda abierta hacia rutas menos pedregosas en sus rutinas vitales y artísticas.

Tal como llegó a comentar Thornalley en aquel momento, ese fue el mejor momento que vivió con The Cure. «Estaba haciendo lo que mejor sabía hacer: estaba produciendo, estaba tocando el bajo. Fue una gran sesión. El estudio estaba repleto de todos estos instrumentos orquestales e hicimos tres pistas en cinco días. En muchos aspectos, dada mi experiencia como persona pop, "The Lovecats" fue mi momento, en el que verdaderamente sentí que realmente brillaba con The Cure; fue el mejor disco que hice con ellos, principalmente porque todos lo disfrutaron. Es una gran canción pop. Todos hicieron un gran trabajo, particularmente Robert. Fue agradable estar haciendo un disco con él, siendo más pop que nunca».

La tercera canción que salió de las sesiones parisinas fue «Mr Pink Eyes», de la cual el propio Smith le dijo a Thornalley que Mr Pink Eyes era él.

La grabación de un single tan potencial como «The Lovecats» derivó en la grabación de un videoclip con la presencia de Tim Pope a los mandos. El mismo fue grabado en una terraza de Primrose Hill, la cual pudieron utilizar después de que Pope convenciera al dueño de la misma de que tenían planes para comprar ese cuchitril.

El éxito de un single con el atractivo delirante de «The Lovecats» se vio reflejado en el puesto número siete que cosechó en los charts de singles británicos.

Sin embargo, mientras The Cure reflotaban la nave, proseguían las obligaciones de Smith con Siouxsie & The Banshees, con quienes se encontraba en una gira por Italia en septiembre de 1983, al mismo tiempo que rodaban el videoclip para su versión del «Dear Prudence» de The Beatles.

De forma indirecta, o no, «The Lovecats» tiene un deje que, en cierta manera, recuerda a «Cocoon», incluida en *A Kiss In The Dreamhouse*, el álbum que Siouxsie & The Banshees publicó en 1982, y la prueba más fehaciente de la capacidad de mutación del grupo. Completamente imprevisibles, para esta ocasión The Banshees apuntan hacia su particular versión de lo que es el jazz en versión Siouxsie y compañía. Como un espejo roto tras un choque a cámara lenta, «Coocon» destila un deje jazz difuminado que seguramente sirvió de inspiración para que Robert Smith luego compusiera «The Lovecats».

A diferencia de la canción de The Cure, en «Cocoon» puede apreciarse un rastro más severo en cuanto a sus intenciones, más ambiciosas. Más allá del ritmo constante proveniente del bajo ajazzado de Severin, el resto de sonidos que flotan en la canción se quiebran continuamente. Chasquidos, coros que no llegan a materializarse, pianos trastabillados. Todo apunta a un collage reverberante con la función exclusiva de desconcertar en todo momento.

La triple vida artística de Smith estuvo a punto de provocarle un colapso al líder de The Cure. Sin embargo, su retorno a *Top Of The Pops* el 27 de octubre de 1982 para interpretar «The Lovecats» fue lo que acabó por recordarle cuál iba a ser la vía central de sus futuros éxitos, más cuando el single en cuestión proseguía su escalada por la realeza de los charts.

El impulso generado por el single conllevó la publicación de *Japanese Whispers* en diciembre, LP conformado por los singles «Let "s Go To Bed», «The Walk» y «The Lovecats», más cinco caras B extraídas de dichos singles.

The Cure cimentaron una estética personal inconfundible.

Desde la prensa sensacionalista musical británica, periodistas como Bill Black, de *Sounds*, entendieron este giro de 180 grados como una isla antes del retorno a las sombras en su siguiente LP. La advertencia desde los rotativos era clara y contundente: «Sé feliz mientras puedas».

Al igual que Joy Division, los posteriores New Order, The Fall o The Smiths, The Cure también dieron un trato referencial al single, el formato rey hasta la segunda mitad de los sesenta. Y *Japanese Whispers* es el mejor ejemplo posible de esta actitud ante el siete pulgadas. En las antípodas de tener un interés especial por aligerar su sonido en pos de un ataque a directo a los charts, esta fijación tenía mucho más de postura postpunk, de romper con la denostación de este formato a mero adelanto del pertinente LP, que llegó un año después.

En 1984, la matriz original postpunk se encontraba cada vez más desdibujada. Hacían falta nuevos referentes que señalasen renovadas vías de expresión. Y en esto, que llegaron The Smiths para dibujar más allá de las grises calles de Whalley Range que tantas veces había transitado Morrissey en sus años de adolescencia. Quien fue cantante de los Smiths acabó teniendo su particular enfrentamiento con Robert Smith. Todo partió de 1984, a raíz de la respuesta que la voz de The Smiths dio a *The Face* a la siguiente pregunta: «Si te pongo en una habitación con Robert Smith, Mark E. Smith y un revólver cargado, ¿quién recibiría la bala primero?». Ni corto ni perezoso, Morrissey respondió lo siguiente: «Los alinearía para que una bala los penetrara simultáneamente. Robert Smith es un tonto. Es bastante curioso que comenzara a usar abalorios con la aparición de los Smiths y lo fotografiaran con flores. Supongo que apoya mucho lo que hacemos, pero nunca me gustó The Cure».

La respuesta de Smith no se hizo esperar, refiriéndose a esa bala que iba a atravesarle: «Morrissey es tan deprimente... si no lo hace él mismo pronto, probablemente lo haré yo mismo».

El cruce de declaraciones prosiguió a lo largo de los años, con flechas envenenadas como la lanzada por Smith en 1989 en su entrevista para *Q magazine*. Así, al referirse a Morrissey, lo que salió de su lengua fue lo siguiente: «Es un bastar-

Morrisey, líder de The Smiths.

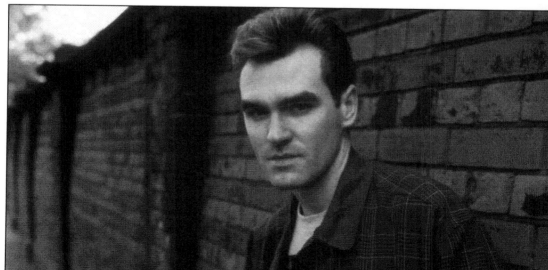

do miserable. Morrissey canta la misma canción cada vez que abre la boca. Yo al menos tengo dos canciones, "The Lovecats " y "Faith ". Si la gente supiera lo fácil que es estar en grupos como los Smiths…».

Han tenido que pasar muchos años para que esta situación se tranquilizase, hecho contrastado en 2018, cuando en una entrevista para *The Guardian* Smith reconoció que nunca entendió su enemistad con Morrissey.

La última prueba de esta supuesta reconciliación vino por parte de Morrissey, que en 2019 fue entrevistado por su sobrino Sam Esty Raymer. A la pregunta de si se arrepentía de algo en todos sus años de carrera, Morrissey contestó: «Dije cosas terribles sobre Robert Smith hace 35 años, pero no era mi intención, estaba siendo dramático. Es genial cuando puedes culparte de todo lo que dices por tener el síndrome de Tourette. No tomo ninguna responsabilidad moral por todo lo que dije en 1983. Al fin y al cabo, ¿quién lo hace?».

De vuelta a lo que estaba sucediendo en 1984, la mayoría de los grupos surgidos en el norte de Inglaterra compartían con Manchester la marca de pertenecer a la cuna de la Revolución Industrial era la de muchos otros sitios de Inglaterra, como Sheffield, Leeds y la propia Crawley. Sin embargo, The Smiths se apartaron de la distopía posapocalíptica subrayada entre los textos de J.G. Ballard para, en cambio, reflejar sus vidas anónimas y las de todos los británicos sufrientes del mandato instaurado por Margaret Thatcher. Las limitaciones sonoras y formales que implicaban Manchester y Factory no estaban hechas a la medida de los Smiths. Entre toda esta polémica, Morrissey y Johnny Marr salieron más fortalecidos que nunca en sus convicciones de que Factory no era el destino adecuado para los pasos futuros que debían tomar al frente de los Smiths.

The Smiths, una de las banda más importantes de la escena de música independiente británica.

1984 fue el año smithiano por antonomasia. Morrissey y Marr les ganaron la partida a todos. Tras la muerte de Ian Curtis, Manchester volvía a contar con una nueva panacea para la prensa de la capital. Morrissey daba más juego en sus entrevistas que el resto de las bandas británicas del momento. Pero ya en 1983 tanto Morrissey y compañía, con la explosión de

«This Charming Man», como New Order, por medio de «Blue Monday» y *Power, Corruption & Lies* (1983), recondujeron el foco de la prensa hacia la gran capital industrial. No era para menos, en un plazo de apenas siete meses, se publicaron dos de los dos singles más influyentes de los ochenta, «This Charming Man» y «Blue Monday»: dos deconstrucciones postpunk en las que están polarizados pasado y futurismo en una misma línea temporal, a través de dos caras antagónicas. Del Nueva York de los New York Dolls al del italo-disco y Arthur Baker. Y Manchester, como nexo común, además de la reivindicación del circuito underground como vía real hacia la entrada en las grandes ligas. En 1984, la puerta de salida hacia el gran público ya estaba abierta para una escena en ebullición desde aquel mismo verano, cuando Alan McGee, fundador de Creation Records, puso en marcha The Living Room, el club londinense por el que a lo largo de 1983 y 1984 pasaron The Nightingales, TV Personalities, The June Brides, The Jasmine Minks, The Pastels, Primal Scream o The Jesus and Mary Chain. Las más de cuarenta mil copias vendidas por «Upside Down», el primer single de los hermanos Reid, precisamente con el sello de McGee, certificaron que lo inde-

pendiente estaba de nuevo en la onda. El circuito de salas se extendió con The Pindar of Weekend, cerca de Kings Cross, o The Cellar, también en la capital. Fue en este último local donde Sonic Youth se estrenaron en tierras británicas. Fuera de Londres, el circuito underground estaba creciendo con The Wild Club, en Manchester, el Ziggy "s en Plymouth o el Adelphi en Hull. La descentralización de Londres fue otra de las grandes señas de identidad de la

The Cellar, el primer local donde se estrenaron en tierras británicas los Sonic Youth.

escena independiente británica de la segunda mitad de los años ochenta.

Fanzines como *Sniffin " Glue, Bondage, Scared to Get Happy, Hungry Beat* y sobre todo el *Communication Blue* del propio Alan McGee, popularizaban a las bandas más allá de su radio de influencia loca. Fueron tiempos en los que proliferaron los conciertos, las publicaciones y las grabaciones caseras y, poco a poco, los grupos comenzaron a aparecer de forma regular en publicaciones como el semanario *New Musical Express*. Poco imaginaban los periodistas Roy Carr, Neil Taylor y Adrian Thrills que la cinta impulsada con la intención de documentar todo aquello acabaría por significar el bautismo de un género, pero también la creación de un estilo propio. Así fue como surgió la cinta titulada como «C86». La misma fue presentada al público el 3 de mayo de 1986 con un anuncio a toda página para el eslogan «Cool in the Spool». El casete del C86 fue descendiente directa de la que, en su momento, se tituló como «C81», que en aquel 1981 documentó la heterogenia del momento, incluyendo formaciones como Orange Juice, Aztec Camera, The Beat, Pere Ubu, Orange Juice, Scritti Politti, Cabaret Voltaire, los Specials o los Buzzcocks. La mayoría de los grupos que formaron parte de la C86 no contaban con ningún lanzamiento en el mercado y pocos lograron prolongar su carrera más allá del tirón del momento. Los que sí lo lograron fueron grupos como Primal Scream, que nunca se sintieron parte de todo aquello, The Pastels o The Wedding Present. Sin embargo, formaciones tan interesantes como The Servants, The Bodines, The Mighty Lemon Drops, McCarthy –reconvertidos en Stereolab– o Half Man Half Biscuit se quedaron prematuramente en el camino.

Los grupos del C86 destacaron por su amalgama de guitarras pop, afectadas pero también enérgicas, herencia directa de unos Morrissey-Marr convertidos casi en los nuevos Beatles para toda una generación que también comulgaba con el garage y la psicodelia de los sesenta, la transparencia de los Byrds y la agresividad de los Ramones. Pero también tenían en el punto de mira los acordes prístinos de Robert Smith cuando extraía el lado más onírico de la guitarra.

A la estela de los Smiths, 1985 fue el año por antonomasia en el indie pop. Un gran número de grupos que marcaron parte de la segunda mitad de la década se pusieron en marcha o grabaron por primera vez a lo largo de aquel año y disfrutaron de un efímero esplendor durante el siguiente año, hasta que el acid house y la cultura rave doblaron la esquina.

El espíritu independiente de finales de la década se condensó en la aparición de un gran número de sellos independientes: Pink Label, Vindaloo, Beggars Banquet, Mute, Stiff, Some Bizarre, Go! o los más célebres Factory o Rough Trade. Pero si hubo uno que captó mejor que nadie la esencia de aquellos tiempos ese fue Sarah Records. La discográfica fundada por Clare Wadd y Matt Haynes en Bristol en 1987 adquirió rápidamente un estatus de

Sarah Records

culto gracias a su carácter poco ambicioso, traducido en lanzamientos muy limitados, meticulosamente numerados y con presentaciones extremadamente cuidadas, máxima expresión del ethos DIY.

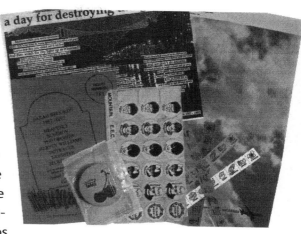

Antes de conocer a Clare, Matt Haynes era colaborador habitual del fanzine *Are You Scared To Get Happy*, que en 2006 nombra a un imprescindible recopilatorio de cinco discos, con ciento treinta y cuatro canciones de otros tantos grupos, que exploran el género, sus orígenes y sus posteriores influencias desde 1980 hasta 1989. Previamente al nacimiento de Sarah, Matt ya había editado entre 1986 y 1987 flexis de Talulah Gosh, Razorcuts, Remember Fun o Poppyheads a través de su primer sello, Sha-la-la.

La primera referencia de Sarah llegó en 1987 con el sencillo «Pristine Christine» de los Sea Urchins, al que siguieron un centenar de referencias, la mayoría en formato siete pulgadas, pero también algunos LPs y recopilatorios.

En cierta manera, The Cure fueron el resultado de todo lo que estaba sucediendo desde las catacumbas indies hasta Sarah Records, pero con la carrera previa de seis años de carrera intensa, abriendo y cerrando puertas a porrazos. Al mismo tiempo, los de Robert Smith proseguían buscando la posición correcta de la aguja en su brújula particular, dentro de un contexto que, en realidad, cada vez los influía menos a la hora de crear su propio ecosistema musical, pleno de rarezas y excentricidades.

La que fue una de tantas reconversiones de The Cure tuvo su certificación discográfica en *The Top*, de cuyas sesiones Tolhurst recordaba lo siguiente para en *Sounds*: «Lo que nació de ahí fue una nueva manera de entendernos como grupo. No podía quejarme de que las responsabilidades creativas se centraran en un solo componente porque yo no estaba preparado para tomar más responsabilidades, pero tenía confianza en que una versión mejorada de la banda se estaba gestando. Al final, volví a hacerme amigo de Robert y me alegraba poder colaborar con él, aunque, también es verdad que, por momentos, se veía que las cosas también volvían a decantarse por el lado más salvaje.

Un día de invierno, en Genetic Studios, estaba transportando la Vox Teardrop, recién arreglada, cuando patiné por el hielo y volví a romperla. Me sentí fatal porque sabía que a Robert le encantaba esa guitarra. Esa fue la señal que marcó el inicio de la peor temporada que pasó nuestra amistad.

La banda había crecido un poco para nuestro siguiente tour porque teníamos más teclados y guitarras de las que podían tocar cuatro personas, así que Robert y yo le preguntamos a Porl si quería volver a tocar con nosotros. Puede parecer más premeditado de lo que fue, pero no fue así. Él solía venir al estudio para enseñarnos el diseño artístico que estaba preparando para *The Top*, cuando le pedimos que tocara el saxo en «Give Me It». Fue en ese momento cuando se vio que era inevitable que volviera a la banda. Porl era capaz de llenar los espacios que dejábamos Robert y yo con la guitarra y los teclados, y añadirle brillo. Según mi punto de vista, Porl ha sido el músico más versátil que ha tenido The Cure a lo largo de toda su trayectoria.

Pero yo no era el único que tenía problemas en la banda. En cierto sentido todos teníamos cosas que interferían con The Cure, eso es lo que pasa cuando juntas a un grupo de jóvenes: aparecen todo tipo de disfunciones».

La grabación de *The Top* arrancó en el verano de 1983, coincidiendo con la de *Hyaena*, el sexto LP de Siouxsie And The Banshees. Fue en aquel momento cuando Smith vivió una de las situaciones más estresantes de su carrera. Tras ha-

ber coincidido con ambos grupos el 25 de diciembre en el Christmas Day *de Top Of The Pops*, el desdoblamiento de Smith alcanzó tintes épicos durante las seis semanas en las que tuvo que compaginar la grabación de *The Top*, en Genetic Studios, en Reading, con la del álbum de los Banshees, que se llevó a cabo en los Eel Pie Studio de Pete Townshend, en Twickenham. Tal como lo recordaba el propio Smith veinte años después de este capí-

Los Eel Pie Studio de Pete Townshend, en Twickenham.

tulo en sus memorias discográficas: «Comenzaba el día trabajando en el álbum de Banshees en Eel Pie... luego viajaba a Genetic Studios... en un taxi. [The Cure] se estaban quedando en un pub, así que me reunía con los demás, que ya estaban un poco enojados. Luego me tomaba unas copas e iba al estudio. Empezábamos a grabar a las 2 am. Luego volvía a Eel Pie. Solía dormir en el taxi».

Así como Smith lo relató para *Rolling Stone*, *The Top* se fue conformando como un disco en solitario con banda para el cual Smith no tenía una idea concreta del concepto general del disco, hecho tan importante en sus anteriores LPs. En realidad, *The Top* es una recopilación de retales, recogidos a través de diferentes prismas estilísiticos. Formar parte de Soiouxsie & The Banshees y The Glove fue una desventaja muy grande para Smith, «porque en lugar de plasmar las mejores ideas en un álbum de The Cure, me dispersé un poco. Hay un par de canciones de Glove, "Sex Eye Makeup" y "Blues in Drag", que quería en *The Top*. En realidad, "Dressing Up" fue hecha como una canción de The Glove. Pero luego no se la enseñé a [Severin] porque pensé: "Esta me gusta demasiado" [risas].

En *The Top*, toqué todos los instrumentos, excepto la batería. Cuando escucho el álbum, tengo una extraña imagen de mí sentado en medio del piso del estudio rodeado de pequeños bongós, cucharas y cosas. Simplemente me sentaba allí e inventaba cosas con una guitarra acústica. [El productor] Dave Allen y yo tocábamos, y lo editaba un par de semanas después. No creo que ninguna de las canciones se llegara a tocar realmente como si fueran canciones.»

Las razones por las cuales *The Top* peca de ciertas lagunas en su concreción como artilugio equilibrado entre ambición e inspiración se debe al caos generado por esta situación vivida por Smith. No en vano, a lo largo de año y medio, Smith estuvo de gira con The Cure y Banshees, al mismo tiempo que grabó un disco con The Glove.

Al estado de psicosis continua sufrido por Smith, hay que sumar que en aquel momento Thornalley también era parte del equipo responsable que iba a formar parte del nuevo álbum de Duran Duran. Sin embargo, el factor más preocupante de todos fue la deriva alcohólica que estaba tomando Tolhurst. «Ese fue el comienzo en el que empeoró mi adicción al alcohol», recuerda Tolhurst en sus memorias. «[Estaba] atrapado en medio de la campiña inglesa en el invierno, en el estudio de Martin Rushton. Era una receta para el desastre –y esto es clave– que nos quedáramos en el pub local, el John Barleycorn, y nos dieran las llaves para que pudiéramos volver a las cinco o seis de la mañana y así poder seguir bebiendo. El propietario nos preparaba el desayuno para que estuviéramos despiertos a las ocho de la mañana, bebiendo pintas con el desayuno, después de haber estado despiertos toda la noche».

Por desgracia, el problema con el alcohol de Tolhurst alcanzó cotas de delirium tremens. Mientras tanto, Smith proseguía un ritmo de trabajo infernal que terminó el mismo día que salieron a la calle los nuevos LPs de los Banshees y The Cure: «Llamé a The Banshees ese mismo día y les dije:"No puedo seguir adelante, me tengo que ir de vacaciones". Lo cual hice durante seis semanas. Si no lo hubiera hecho, habría sufrido un daño mental serio. Siouxsie y Severin estaban tan furiosos con el súbito desplante que se pasaron el resto de 1984 lanzando pullas en sus entrevistas sin ninguna empatía por mi situación personal. "El deseo de Robert de ser una estrella del pop desalentó a todo el mundo hasta uno de los puntos más bajos de la historia de The Banshees", llegó a reconocer la banda de Siouxsie. "Trabajar en dos cosas a la vez fue cosa de Robert. Nosotros sabíamos que era absurdo y seguro que él también. (...) al final lo acabó pagando"».

La grabación de *The Top* conllevó un hecho clave en la continua metamorfosis del grupo: el cambio en la forma de cantar de Robert Smith. De la noche a la mañana, pasó de ser abanderado de las huestes oscuras del afterpunk emocional a nigromante del pop andrógino. Más que desde el plano instrumental, este cambio se vio reflejado en la forma en la que Smith comenzó a utilizar su voz, como si se tratara del muñeco de un ventrílocuo enajenado.

«En *The Top*, comencé a intentar cambiar mi voz para lograr diferentes expresiones que antes habría considerado sacrílegas», explicó Smith para *The Quietus*. «La mayoría de las personas que escuchas en el pop cambian sus voces para hacerlas más aceptables, más amables, más estadounidenses, o lo que sea. Muy pocos cantantes intentarán volverse más difíciles o peores. Pero, nuevamente, pensé "¿por qué no? "».

Sin embargo, el proceso de ampliación de los significantes expresivos en la dicción vocal de Smith ya tuvo su origen en los comienzos del grupo, con artículos como el escrito por Tony Parsons para *New Musical Express*, respecto a las limitaciones vocales de Smith: «Esa voz, concisa de entonación tensa y emocional, el grito que un sistema nervioso podría hacer al borde del colapso metabólico». Luego, en otra observación que hizo sobre Smith, el periodista comparó su voz triste con «esa sensación que tienes al mirar las caras en el viaje en metro todos los días después de salir al amanecer por tercera vez sin haber dormido».

The Cure con Andy Anderson.

Tras haber publicado singles como «Let's Go To Bed» y «The Lovecats», Smith llegó a declarar que los singles graciosos habían llegado a su fin. Sin embargo, sólo por una gema de pop surrealista como «The Caterpillar» dicha aseveración muere por sí sola. Eso sí, lo que

sí es cierto es que la vía oscura iba a abrirse de nuevo con la incorporación definitiva de Andy Anderson a la batería y de su amigo de infancia Porl Thompson como multiinstrumentista. Este último no deja de ser un talento de la naturaleza capaz de tocar el saxo, el violín, la guitarra, la armónica o el bajo, instrumento del cual Phil Thornallly era el responsable principal.

The Top fue finalmente un documento muy específico sobre la capacidad que tenía el grupo para vivir en equilibrio entre la luz y las sombras, esa alegría casi infantil encadenada a las sombras de pesadillas que suenan como espasmos de delirio lovecraftiano, y que en *The Top»* convergen mediante un meridiano que Tolhurst vivió de esta manera: «Con *The Top*, fue como cincuenta-cincuenta. Hubo algunos días en los que hicimos cosas que se sintieron tris-

El guitarrista dejó The Cure en 1993 para tocar con Led Zeppelin en la gira que estos realizaron en 1995.

tes y un poco claustrofóbicas y luego otros días que fueron felices y alegres. Así que eso explica la variación. [Se hizo] puramente por esa razón, solo para experimentar y tratar de ver si la gente creería que fuimos nosotros los autores de la música. Supongo que nos gusta confundir a la gente, de verdad. Somos un poco traviesos». En cuanto a la inspiración recogida por Smith para la composición de *The Top*, reveló que había vuelto a su antiguo método de compilar una cinta maestra de sus canciones favoritas mientras hacía el álbum y la reproducía una y otra vez en busca de sus musas. El contenido de la cinta para la ocasión iba del «Getting Some Fun Out Of Life» de Billie Holiday a «Interstellar Overdrive» de Pink Floyd. Dicha travesía musical parecía explicar el estado de esquizofrenia sónica, o posiblemente la razón por la que, cinco años después, Smith confesaría y admitiría que todo el álbum fue grabado en el tempo incorrecto. Con el tempo equivocado o no, *The Top* se abrió camino hasta el Top 10 del Reino Unido de ventas.

Por otro lado, *The Top* fue la sublimación de un hecho definitivo: The Cure dejó de ser una banda rock y se convirtió en un vehículo para sondear la imaginación de Robert Smith. Tonos asiáticos, psicodelia de juguete, alucinaciones, Smith toma las riendas del estudio y visualiza cada canción como una oportunidad para plasmar algún sueño particular suyo, usando arreglos pop para crear pequeños mundos que se sienten asombrosamente visuales, haciendo que «The Caterpillar» suene como un conservatorio de música para hadas, así como ya había hecho un año antes con el synthpop irreverente y funk de «Let "s Go To Bed» o el electro invernal en «The Walk». Las bandas de rock suenan bien dentro del contexto de ser bandas de rock. Canciones pop como estas llevan su propio contexto en su ADN, cada una es un sueño en el que poder sumergirte, del cual resulta difícil encontrar la metáfora con la realidad. Como el propio Smith, llegó a explicar para *Q Magazine*: «Las cosas surgen como surgen. Cuando estoy en un show en vivo siento que el mundo que me rodea es una fantasía. Aunque también en la vida normal hay un montón de cosas que suceden, que me impresionan, estimulan mi sensibilidad y me hacen componer canciones. No creo que sea importante separar las dos cosas. Encuentro que todo lo que es parte del mundo de los sueños y parte de mi vida normal está íntimamente relacionado, unido. Me divierto muchísimo cuando sueño, tanto o igual que cuando no lo hago. Además, muchas canciones son el reflejo de lo que leí y presencié en los institutos psiquiátricos ingleses. Quería criticar esa realidad. Me preocupa la injusticia que se ejerce con la gente mentalmente debilitada, a la cual se oprime y maltrata».

Tras la publicación de *The Top*, el puente para consolidar una fase pop en el grupo estaba más que asentada. Pero lo que vino justamente después superó incluso sus propias expectativas.

LOS MILAGROS DE LA BIPOLARIDAD POP

En noviembre de 1985 The Jesus & Mary Chain publica *Psychocandy*. La crítica cae rendida ante el disco de los escoceses. Mientras New Order estaban estructurando los mecanismos que moldeaban la evolución del pop que atisbaba el hermanamiento indie-dance, los escoceses se esmeraban en agrandar la ruptura ya existente. Manchester seguía viviendo en su autoexilio, mientras el resto de Inglaterra volvía a vibrar con el rock de Chuck Berry y las melodías azucaradas de los Beach Boys, abrasadas entre miasmas de distorsión inflamada. El *back to the roots* era la última consecuencia, y el disfraz escogido no podría ser más engañoso.

Sin embargo, 1985 fue el año en el que los nuevos LPs publicados por The Smiths, New Order y The Fall refrendaron que si, en aquel momento, había una capital en torno a la que estaban sucediendo los momentos más excitantes del universo pop, esa era Manchester.

Low-Life (1985) fue el álbum que New Order publicó ese año. Uno con el que acabó cumpliendo su cometido: saldar cuentas definitivamente. New Order habían articulado un discurso tan personalizado que en el futuro su única fuente de inspiración provendría de su propia plantilla. Con el fondo de armario como forma evolutiva, las carnes de *Low-Life* se pliegan en músculos tan autónomos que acabaron verbalizando el guion con el que llegaron hasta el cierre de los ochenta, la década en la que Manchester dio pleno sentido al pop de fuego helado, a la huida en masa del fin de semana. Y en esta misión, *Low-Life* se establece como el documento de un origen y lugar específico.

Precisamente, con el trabajo de los de Manchester surgen varios lazos de unión que, una vez más, refrendan su conexión recurrente con The Cure.

Ajeno del eje central de acontecimientos, Robert Smith proseguía con su camino entre las nubes, ajeno a modas y cualquier clase de contexto que influyera en sus decisiones creativas. No en vano, a pesar de las similitudes que siempre tuvieron con Joy Division, germen de New Order, y con estos últimos por medio de singles como «The Walk», Smith había gestado en *The Top* un punto de fuga arty que iba a seguir desarrollando con plena consciencia en los años de bonanza imaginativa, que cuentan con «*The Head On The Door*» como punto de inflexión, subrayado por la tendencia natural que Smith estaba desarrollando en torno a la evasión de los demonios oscuros alimentados en su trilogía siniestra. De tal modo, la cabeza más visible del grupo reconocía que este trabajo supuso el renacimiento de The Cure, sustentado por la necesidad de volver a formar parte de un grupo real y no un *one-man-band*. Dicha sensación no la había tenido desde *Seventeen Seconds*. «Era como sentirse dentro de una banda como The Beatles. Yo quería hacer música pop sustancial al estilo de *Strawberry Fields Forever*. Quería que todo fuera realmente pegadizo», llegó a comentar para *Melody Maker* un Smith que, siguiendo dicha acentuación de su policromática faceta pop y, al igual que en la dicotomía aplicada en *The Top*, quería escribir canciones malhumoradas y canciones pop, y ponerlas en el mismo disco. Sabía que había gente dispuesta a aceptar las dos cosas al mismo tiempo.

Simon Gallup con Robert Smith.

Con el fin de satisfacer la misión de volver a sentirse como si formara parte de una banda, uno de los objetivos centrales fue el retorno de Simon Gallup al grupo. Para ello, el propio Smith ideó un plan del cual llegó a comentar que se trató de la mejor decisión que tomó en mucho tiempo.

Con el fin de que The Cure se convirtiera en la banda que Smith soñaba para hacer realidad el mejunje de fantasías y sueños que anidaban en su cabeza hacían falta más piezas que completaran el puzle final. Así, en febrero de 1985, el renovado *line-up* sumó también a Boris Williams, en sustitución de Andy Anderson. Fue en ese mismo mes cuando entraron en los F2 Studios de Tottenham Court Road. Dichas sesiones partieron de una cinta repleta de demos preparadas por Smith, las mismas que configuraron el corazón del LP que estaba por venir.

Boris Williams entró a formar parte de The Cure en 1984, c[...] baterista, en sustitución de Andy Anderson.

Lol Tolhurst reconoce en sus memorias que: «Así como, sin duda, The Cure es la banda de

Robert, también lo es mía y de Simon e incluso un poco de Porl. Es la dinámica entre nosotros lo que ha creado The Cure. Por algún motivo Robert no es un artista solitario. Sí, es verdad que él escribe la mayoría de las canciones y las letras, pero los músicos dan vida a las canciones con su corazón y su alma y sin Simon habría un vacío irreemplazable. Una vez dicho esto, también tengo que reconocer que me costaba lidiar con él cada vez que me lo encontraba en el King's Head, antes de su reconciliación con Robert, con el resentimiento hirviente de Simon. La mayoría de las veces se comportaba correctamente, pero yo podía ver que estaba dolido, que Simon, como buen Géminis, era una persona muy emocional. Si está de buen humor es encantador, pero si te encuentras con el otro Simon ¡cuidado! Como conocía sus dos caras, no me molestaba que las tuviera. A Robert le costaba más porque era él quien tenía que solucionar todos los problemas de la banda, pero esa es tu responsabilidad cuando se trata de tu grupo. Robert tenía un pudor muy inglés para hablar de los conflictos internos, así que si los podía ignorar o sortear, lo hacía; y eso casi nunca es la solución. Supongo que todo esto es una manera amable de decir que nos faltaba la madurez suficiente para tratar los unos con los otros».

En primavera de aquel año, las canciones que dieron forma final a *The Head On The Door* se fueron construyendo entre Angel Studios y Genetic studios.

Con el fin de darle el acabado final a las canciones, Smith reclutó a Dave Allen, con quien ya había trabajado en *The Top*. En su currículo destacaba un hecho por encima de todos: haber formado parte del equipo de producción de *Dare*, pináculo creativo de The Human League, con el cual constituyeron el canon más representativo de lo que fue la edad dorada del synthpop.

La introducción de Allen en la ecuación como mano derecha de Smith en la producción es una de las decisiones más extrañas, y acertadas que el líder The Cure tomó en aquellos años. El re-

Dare, pináculo creativo de The Human League.

sultado final no deja lugar a la duda: dentro de un cuadro impresionista pop con tal suma de detalles antitéticos, emerge un cuerpo sonoro rico en propiedades, y no desordenado en su conjunto.

Las sesiones de grabación fueron discurriendo bajo una aparente calma, enturbiada por un hecho que terminó por derivar en uno de los momentos más delicados de la historia del grupo: la adicción al alcohol de Tolhurst, de quien su amigo de infancia llegó a reconocer que no cree que recordara mucho dicho problema.

El problema de Tolhurst con el alcohol ya venía de las sesiones correspondientes a *The Top*. Pero se fue agravando porque, básicamente, no supo cómo lidiar con él en su momento. «No estaba lo suficientemente consciente para decidir cuál era el problema», explicó en 2004 para *The Quietus*. «Simplemente pensé: "Bueno, seguiré bebiendo" . Me sentaba en el estudio y me enfadaba mucho conmigo mismo por no poder tocar algo o pensar en sacar una buena idea, algo que siempre había sido capaz de hacer anteriormente».

A pesar de su incapacidad manifiesta por aportar su sello a las canciones como en otras ocasiones, Tolhurst explica en su autobiografía cómo la grabación es un proceso de reajuste constante y muchas veces no se trata de añadir, sino de quitar. Es decir, deshacer y embrutecer material que suena demasiado perfecto y nítido. Por eso grabar nunca es fácil. Cuanto más trabajas, más lo puedes estropear. Y esto se intensifica aún más si has tenido éxito porque entonces tiendes a refinar las cosas con perfeccionismo absurdo. Algo que pasaba habitualmente con The Cure era que, como cada vez grababan en estudios más sofisticados y mejor equipados, acababan metiendo sonidos de instrumentos innecesarios en las canciones. «Siempre me ha gustado imaginarlo como el proceso de hacer una escultura de un bloque enorme de piedra», prosigue Tolhurst. «Teníamos que escarbar el monolito sonoro para encontrar una canción. La mayoría de las versiones finales de las canciones las hacía Robert, pero yo había colocado un teclado en una de las cabinas de grabación y me distraía tocando. Si encontraba algo que encajara en la canción se lo decía a Robert y si él pensaba que funcionaba, lo grabábamos. Unas veces aprovechábamos ese material y otras no. Por ejemplo, en «Six Different Ways» hay un teclado vibrante que añadí yo. Funcionó y lo metimos».

The Head On The Door resultó ser una demostración única de cómo retorcer y expandir una fórmula sonora en base a la evasión del pesimismo característico expuesto por Smith. De dicha premisa, surge un arranque de álbum tan definitorio como «In Between Days», donde la melancolía se traduce en luminosidad pop de acervo vital. Sin duda alguna, una de las canciones que mejor expresan el encadenado infinito de contradicciones que arman el ADN del grupo.

Luz y oscuridad no se relevan, sino que se cruzan en un mismo animal ávido de nuevas sensaciones, como el énfasis cada vez mayor en jugar con melodías orientales, tal que en «Kyoto Song» o incluso en traducir el flamenco, en «The Blood», dentro de su abecedario estilístico, cada más amplio y serpenteante.

Durante aquella temporada, el crisol imaginativo manejado por Smith se disparó de forma elocuente a través de un relato de minimalismo pop como «Close To Me», que verifica la matriz autobiográfica que da cuerda a muchas de sus canciones. En este caso, por medio de un episodio muy particular de su infancia: cuando pasó la varicela. Momento en el cual, tal y como llegó a explicar para *Q Magazine*: «Solía tener visiones horribles y de pesadilla con una cabeza que solía flotar en una grieta de luz que solía venir cuando las luces de la habitación estaban apagadas y la puerta estaba entreabierta».

Smith usó el poder trascendente de la música como un bálsamo para sus aflicciones e iluminó su sufrimiento en una canción, lo que puede sonar como una especie de tristeza conmovedora, pero como explica Smith, todo cobró sentido rápidamente. «La canción trata esencialmente de esas dos cosas, pero en el último minuto intenté cantarlas sobre esta alegre línea de bajo y un patrón de batería específico y simplemente hizo clic».

«In Between Days» volvió a generar un discurso acerca de los paralelismos entre The Cure y Joy Division/New Order. No en vano, en aquel mismo año los de Manchester publicaron *Low-Life*, con un arranque como «Love Vigilantes», hermoso pop sintético con guitarras que bien podría haber salido de las sesiones de *The Head On The Door*, álbum para el cual, tal como indica «Close To Me» es un ejemplo de la temática central del álbum: las pesadillas infantiles de Smith.

«Close To Me» fue uno de los singles extraídos y, a la postre, uno de los mayores éxitos cosechados por The Cure. El mismo del cual Smith llegó a comentar para *Q magazine* que «es extraño. Debido a todas las canciones que hemos escrito, "Close To Me " no me viene a la mente como una de las mejores que hemos hecho».

La gran difusión que tuvo «Close To Me» en la MTV ayudó a que *The Head On The Door* alcanzara el disco de oro en Estados Unidos. Una situación correlativa a lo que comenzó a vivir Depeche Mode en el país del Tío Sam y que abrió las puertas de par en par a The Cure para alcanzar un objetivo ni siquiera atisbado: convertirse en abanderados de las hordas de seres tímidos, encerrados en su mundo, encapsulado en habitaciones con pestillo sembradas de posters de grupos pop británicos como ellos. No hay que olvidar que en los años ochenta Estados Unidos representaba la contraposición rock a la algarabía pop new romantic y todo derivado británico que cuestionara los roles masculinos de la pose rock. Testiculina contra androginia, que hacía casi imposible que un grupo de identidad sexual onírica, como en el caso de The Cure, pudiera colarse en los

New Order en 1985, en la época de *low-life*.

charts entre los discos de héroes del glam metal, como Def Leppard y Twisted Sister, o de las huestes pertenecientes al Adult Oriented Rock. Sin embargo, al igual que Depeche Mode, The Cure rompió la barrera del rock y se coló a través de los ángulos muertos de un imaginario musical rock ante el cual siempre representaron su contraposición más oscura, infantil y extravagante. Todo al mismo tiempo.

La revolución norteamericana comenzó a tomar forma el 26 de agosto de 1985, fecha en la que The Cure publicó *The Head On The Door*, el primero de los tres clásicos indiscutibles con los que sembraron la segunda mitad de los años ochenta de su racimo de melodías ensoñadoras más sublimes y bipolares.

Una de las razones de la consolidación del Manchester descrito por los Smiths sobre el de sus dos grandes rivales fue el trecho intimidante generado en-

tre *The Queen Is Dead* y las entregas de New Order –*Brotherhood*– y The Fall –*Bend Sinister*– en aquel año 1986. Si en los anteriores álbumes de estos tres grupos de Manchester siempre había existido la conexión mancuniana, la rivalidad subyacente en las entregas anuales que hacían de sus singles –aunque bien es cierto que esto era por parte de la prensa, unido a los ataques cruzados como «C.R.E.E.P», el single dedicado a Morrissey por Mark E. Smith–, *The Queen Is Dead* marcó una distancia kilométrica con sus

The Fall.

vecinos mancunianos. Y eso con su LP con más raíces… Ya no había rivalidad porque Marr y los suyos habían delineado una gran línea divisoria, prácticamente, insuperable. De «The Queen Is Dead» a «Some Girls Are Bigger Than Others», estas diez canciones dibujaron un imaginario de heterodoxia romántica único dentro del universo pop. Es como si siempre hubieran estado ahí, orbitando, esperando el momento propicio para ocupar su sitio en la rotación dentro de la cadena evolutiva pop.

1986 fue un año sin álbum nuevo para The Cure, pero en 1987 se impuso a todos sus rivales provenientes de Manchester, incluido *Strangeways, Here We Come*, el canto del cisne de Morrissey y los suyos. La razón su triunfo fue un trabajo de proporciones faraónicas titulado como *Kiss Me, Kiss Me, Kiss Me*.

Las secuelas de un exorcismo tan extremo como *Pornography* sembró las llagas de obras posteriores como *Disintegration* o *Bloodflowers* (2000), pero antes de retomar la senda de las sombras, a Smith y los suyos les dio tiempo a convertirse en la *stadium band más atípica de la farándula pop*.

No es para menos con tours como el llevado a cabo con monumentos de la heterodoxia pop como *Kiss Me, Kiss Me, Kiss Me*, en el que su capacidad de pasar del tormento noise, en modo Jon Hassell hip hop, de «The Kiss», al pop de juguete enhebrado en «The Perfect Girl» marcó la tensión compositiva de un crisol de melodías bipolares, siempre basculando entre sueños delirantes sembrados de atajos hacia el horror.

Por álbumes como *The Head On The Door* y *Kiss Me, Kiss Me, Kiss Me*, Smith se convirtió en nuestro Morfeo pop, sensación amplificada a través del contraste entre videoclips tan ensoñadores como el preparado para «Just Like Heaven» y los horrores góticos plasmados en cada plano del icónico videoclip filmado para «Lullaby», en el siguiente álbum del grupo.

La explosión de las virtudes pop que afloraron en Smith en el meridiano de los ochenta sirvió para gestar un imaginario, a día de hoy, casi inabarcable, por el cual hasta la producción de caras B de singles dio para temas con la aureola atemporal de «2Late» y «The Exploding Boy», entre muchos otros.

La diversión desprendida en cortes como «Hot Hot Hot» y el colorista carrusel incontenible de maridajes estilísticos que puebla cada rincón de *Kiss Me, Kiss Me, Kiss Me* fue macerado desde una forma de trabajar más cercana a visionarios incorregibles del cabaret pop como Sparks y a las diabluras que se hicieron en los laboratorios de sonido, en 1966. Dicho año fue clave en la apertura pop hacia renovadas formas de utilizar el estudio de grabación en pos de la experimentación, con *Revolver* (1966) de The Beatles como ejemplo más rotundo. En base a esto, Smith llegó a reconocer para *Melody Maker*, en 1987, que «escribí *The Head On The Door* yo solo en casa y lo interpretamos como lo haría una orquesta, pero con este álbum insistí en que los demás me dieran un casete con música. Gracias a esta decisión, obtuve seis o siete canciones de cada uno. Incluso Boris hizo una cinta con patrones muy interesantes de batería que aprecié mucho porque no esperaba obtener nada de él, y demostró que todos querían estar realmente involucrados en ello.

Me dieron todos los casetes a principios del verano pasado [en 1986], cuando comenzamos a hacer demos en Londres. Puse todas las cintas y todos las escucharon con frialdad. No dije de quién era cada una, así nadie podía comentar sus propias cosas. Dimos a cada una de ellas puntuaciones de hasta veinte puntos y las comentamos. Al final, escuchamos sesenta piezas de música y después comparamos notas. Luego tomamos las que nos impresionaron más a la primera, las recopilamos en dos casetes y fuimos al estudio. Preparamos demos allí durante dos semanas. Luego, condujimos hasta Mirabelle, donde grabamos al menos una canción al día, a veces dos. Con el fin de lograr la sensación co-

rrecta, la mayoría de ellas son primeras tomas casi surgidas de la improvisación. Pasábamos un par de horas tocando cada canción para familiarizarnos con ella y luego la grabábamos de una vez y ¡funcionó! Fue un placer grabar este disco, una alegría».

En aquel momento, The Cure era un grupo de verdad, algo que Smith reconoció para la revista *Sounds*. «Para ser precisos, en los créditos dice "Música: The Cure, Letra: Robert Smith ". Musicalmente hablando, *KISS ME* fue un negocio que surgió por parte de toda la banda, incluso si en algunos casos esos créditos solo están ahí para simplificar los desgloses financieros. De lo contrario, los demás no recibirían ningún dinero. Desafortunadamente, yo fui el único responsable de todo durante los últimos dos años y medio. Casi tuve que obligar a los demás a hacer sugerencias porque pensaban que sus sugerencias para hacer canciones no eran lo suficientemente buenas».

En este disco, hay tres canciones hechas por Porl (Thompson) y dos por Simon (Gallup). Boris (Williams) desarrolló ritmos y compases, por ejemplo para «The Kiss». «Lol (Tolhurst) me ayudó de vez en cuando con las letras. Para abreviar: toda la banda trabajó creativamente en este proyecto. Nunca tomaría ningún crédito para mí que no me merezca. En el pasado todo partía de mi trabajo y la banda era solo la agencia. Esta vez, las canciones se desarrollaron durante y debido a las tomas, de modo que en realidad todos fueron parte del resultado.

Tal como comenta Tolhurst en sus memorias, cuando se refiere a *Kiss Me Kiss Me Kiss Me*, partieron de las demos que habían hecho a principios de año en casa de Boris y las pulimos un poco. Hacía muy buen tiempo y trabajamos muy bien. Todos los jóvenes del lugar que eran fans nuestros solían venir y sentarse en la banqueta enfrente del estudio de la casa de Jean y nos escuchaban grabar. Cada día trabajábamos con nuestro material y Jean se quedaba en el control y por la tarde, cuando terminábamos, Jean declaraba que era "la hora del pastis". Ese era el momento en el cual aparecía la botella amarilla que contenía esta bebida tan apreciada por esta parte de Francia.

La mujer de Jean nos traía comida para acompañar las bebidas. Fueron unos días idílicos que nos reconectaron como amigos otra vez. Era como si estuviéramos de nuevo en la casa de los Smith, años atrás, cuando ensayábamos tres veces por semana. Sé que eso es lo que Robert siempre ha querido para The Cure: la maravillosa sensación que tuvimos el último verano de nuestra adolescencia, cuando vislumbrábamos delante nuestro el nuevo mundo de la edad adulta y estábamos emocionados por la vida que teníamos por delante. Era como si cualquier cosa pudiera pasar. Y así lo volvimos a sentir.

A veces, después de beber el pastis, íbamos a jugar al futbolín con los chicos que habían venido a escucharnos. Era un descanso de todas las presiones que ejercía la industria musical y las muchas fuerzas que nos sacudían. Por momentos, parecía que recobrábamos nuestra inocencia perdida. Éramos una banda con éxito, destinada a la gloria, significara lo que eso significara. Nuestro contrato con Fiction estaba a punto de acabar y nos iban a ofrecer mejoras. Algunos sellos se nos acercaban prometiéndonos las llaves del paraíso. Pero en el horizonte, se acercaban negras nubes de tormenta».

Procesos como el utilizado en la composición y grabación de *Kiss Me, Kiss Me, Kiss Me* apelan al ADN inquieto de un Robert Smith que, dentro de su laboratorio pop, dio con una tabla periódica de elementos surgidos desde el fondo de la chistera de un mago reacio a repetir dos veces el mismo truco.

Kiss Me, Kiss Me, Kiss Me también significó la consumación del descenso a los infiernos del alcoholismo de Tolhurst, situación que se agravó sobremanera en *Disintegration*, el siguiente álbum del grupo. No obstante, la realidad sobre la verdadera relevancia de quien fuera mano derecha de Smith quedó más que refrendada en este LP, plagado de un fantasioso crisol de soluciones, arreglos y sintes que Tolhurst enumeró, en parte, en agosto de 1987 para el periodista

Mark Dery. De este modo, muchas cosas en el álbum son versiones de géneros musicales particulares. «Tenemos una pista funk, "Hot Hot Hot!!!", que suena como una canción antigua de Chic. En esta, estoy usando el Emulator para violonchelo y algunas voces humanas. También tenemos una canción en modo Motown. Se titula "Why Can't I Be You?" y es una combinación de un pedazo de Roland JX-8P llamado "Stab Brass", MIDIed a una muestra de trompeta en el Mirage, junto con un Emulator brass sound».

En base a la imponente enumeración de soluciones buscadas para las dieciocho canciones que componen *Kiss Me, Kiss Me, Kiss Me*, emerge su obra más ambiciosa hasta la fecha, su *Sandinista* (1980) o *White Album* (1968) particular. Policromía pop al cubo que caló en sus hordas de fans, las cuales, definitivamente, aceptaron la transición propuesta por el grupo desde el estómago de la oscuridad hacia un hábitat natural de músicas conectadas al imaginario onírico de Robert Smith. En cierta manera, una especie de Morfeo del pop, que irónicamente se convirtió en influencia central en el protagonista, Morfeo, de *The Sandman*, la obra por antonomasia del autor de cómics Neil Gaiman.

The Sandman, la obra de Neil Gaiman.

Kiss Me, Kiss Me, Kiss Me también hizo cuña en Estados Unidos, con la nada desdeñable cifra de seiscientas mil copias vendidas del álbum. Sobre la expansión en territorio norteamericano, Robert Smith llegó a comentar para *Sounds* que Estados Unidos es un caso difícil, un lugar peligroso. «Si una banda consigue triunfar allí y luego vive su éxito, la mayoría de las veces es el principio del fin. La audiencia estadounidense es notoriamente tonta debido a la siguiente tesis: una formación que hace discos durante diez años simplemente tiene que ser genial porque sí. Pero eso no es cierto en la mayoría de los casos. Incluso Fleetwood Mac todavía está haciendo discos, pero llevan siendo terriblemente malos desde hace años. (Risas) Los estadounidenses tienden a institucionalizar una banda pop si perdura lo suficiente en el tiempo.

Nosotros vendemos discos en los Estados Unidos porque ya llevamos bastante tiempo publicando discos allí. "Oh, claro, esos son los tipos de The Cure". Eso les hace sentir curiosidad. Hace años que existe un núcleo de fanáticos de The Cure en los Estados Unidos. Estas personas van a nuestros conciertos. Pero hay una gran diferencia entre el número de compradores y el número de asistentes a los conciertos. Aunque vendemos medio millón de discos, "solo" tocamos frente a cien mil o doscientas mil personas. Tampoco es fácil escucharnos a menudo en la radio o en la MTV. Nuestros discos se venden gracias al boca a boca».

1987 también fue el año en el cual el eco alcanzado en países de Latinoamérica se hizo más que evidente. The Cure habían dejado de ser un póster escondido en el interior del armario a convertirse en un concepto global: una forma de evasión hermanada con todas las almas encerradas en la timidez de quien se siente diferente. Dicha sensación de poderoso impacto adolescente se hizo incluso más evidente en países como Argentina, donde la prominencia de tribus postpunk o una prensa que normalizara dichas expresiones musicales y estéticas se encontraba en pañales. Una de esas almas solitarias fue la escritora Mariana Enríquez, abanderada de la literatura gótica con novelas como *Bajar es lo peor* que, en cierta manera, apelan a los sentimientos suburbiales y autodestructivos de los The Cure de *Pornography*.

La propia Enríquez recuerda cómo fue el día en que The Cure tocaron primera vez en Buenos Aires, en marzo de 1987, en el estadio de Ferrocarril Oeste, dato importante porque este equipo tiene su sede en el centro de la ciudad. «En aquel entonces, para una adolescente tan joven no era difícil llegar. Yo vivía a 50 km de Buenos Aires, en La Plata; y, como me daba miedo ir en tren, me sumé a un bus que llevaba a varios fans, casi todos varones. Ninguno me preguntó la edad ni objetó mi look de gótica principiante. El viaje no lo recuerdo mucho: supongo que fue tranquilo y por supuesto breve, es poca la distancia. El recital, en cambio, fue un infierno. Argentina había salido de la dictadura apenas cuatro años atrás, las fuerzas de seguridad todavía eran brutales, pero, además, la gente estaba aún como recién salida de la cárcel, inmanejable, furiosa. Apenas vi a la banda: recuerdo mucho más el olor intensísimo a jabón: era lo que se usaba para mantener los peinados erizados que nunca duraban mucho tiempo. Hubo piedrazos, corridas, fuego en las gradas, el mito dice que un vendedor murió de un infarto, los perros de la policía atacaron a la gente y fuera del estadio había robos (a mí no me pasó nada; solamente me sentí perdida). Robert Smith escribió en su diario sobre esa noche: "Afuera, el campo no tiene nada que envidiarle al centro de Beirut".

Un poco exagerado. Pero sí fue intenso, o denso más bien; recuerdo pocas canciones. "Shake Dog Shake" al principio y la soledad; ninguno de mis compañeros me acompañó, los perdí muy rápido. Mi madre creyó que estaba dur-

miendo en casa de una compañera de colegio y nunca supo que le mentí; tampoco se enteró de que ese show de The Cure es recordado como un peligro y un desastre de la organización. En 1987 los adultos estaban preocupados por la crisis económica, sus empleos y sus vidas; los chicos éramos invisibles. Eso fue malo y fue increíblemente bueno».

El caos dantesco generado por The Cure ese día es una muestra rotunda de lo que podía generar el grupo en directo delante de hordas de acólitos sedientos por recibir su dosis empática en el cara a cara. Algo a lo que ayudó la imagen facturada por el grupo en la época de *Kiss Me, Kiss Me, Kiss Me*, paso central de un grupo de culto para las masas que, de todos modos, aún no había tocado techo. Pero pronto lo íbamos a saber.

ORACIONES PARA LA LLUVIA

Tras la publicación de *Kiss Me, Kiss Me, Kiss Me*, en 1987, The Cure tuvo un efecto masivo desproporcionado para una banda que, no hacía tanto, grababa discos malsanos y ajenos a los gustos masivos de consumo como *Pornography*. Robert Smith, santo y seña del grupo, se encontraba en una encrucijada: proseguir con el pop colorista trazado en el doble LP que les había dado la fama o, por el contrario, lanzarse sin red a un nuevo vacío emocional.

Hacia 1988, Smith estaba angustiado. Pese a que The Cure estaba posicionado como un conjunto referente a nivel mundial tras la publicación de *Kiss me, Kiss me, Kiss me*, el líder del grupo aún sentía que a su trayectoria le hacía falta una obra maestra. Dicha sensación no lo abandonaba.

Más aún, el 21 de abril de ese año, Smith celebró su cumpleaños número veintinueve. «Quería terminarlo todo antes de cumplir los treinta años. [Luego], el día después de cumplir los veintinueve, me di cuenta de que en el próximo cumpleaños cumpliría treinta años. Es como una paradoja. Creo que cuanto más joven eres, más te preocupas por envejecer», dice el guitarrista en el libro *Never enough*, del escritor Jeff Apter.

Smith sentía que todos los grandes ídolos del rock habían concretado sus discos más importantes antes de acabar su tercera década de vida, por lo que el plazo se le acortaba. Incluso, según la mencionada publicación, llevado por la pena y la inseguridad, Smith se juró a sí mismo que a los treinta años no seguiría al frente de The Cure.

Pero había trabajo por hacer. Con el fin de grabar su «obra maestra», Smith comenzó a componer un puñado de canciones. No estaba seguro de si estarían bajo la etiqueta de The Cure, pero sus dudas se disiparon en cuanto reunió al conjunto en la casa del baterista Boris Williams para que todos escucharan las demos en las que había estado trabajando. «Las sesiones de los demos fueron muy muy divertidas, brillantes», recordó Smith en *Never enough*, y así también fue para el resto del grupo.

Definitivamente, el próximo disco iba a ser bajo el paraguas de The Cure.

Desde *The Top* y sobre todo con *The Head On The Door*, el grupo había ido hacia una línea mucho más pop, pero esta vez, dada la crisis personal por la que atravesaba, Smith definió el sonido del nuevo álbum como una vuelta a los discos más oscuros e intensos del grupo: *Seventeen seconds*, *Faith* y *Pornography*.

Sin embargo, no fue tarea tan fácil convencer al resto para que retornara al antiguo sonido. Con los trabajos más pop venían de obtener buenas ventas, con discos de oro y platino e incluso con el single «Just like heaven» se colaron dentro del top 40 del ranking de listas del Billboard, de Estados Unidos, siendo su sencillo más exitoso en tierras del gigante norteamericano.

«El resto de la banda pensó que había perdido la cabeza. Todavía estaban atrapados en la idea de que nos estábamos convirtiendo en una banda realmente famosa, y no estaban entendiendo que la música que quería hacer era increíblemente malhumorada y desanimada», señala Smith en *Never enough*. «Todos esperaban que escribiera canciones que iban a ser una continuación de "Just like heaven ". Pensaron que íbamos a mantener las cosas ligeras e inflables con un poco de pesimismo ocasional, pero hicimos lo contrario», agrega.

Finalmente, el líder del grupo se salió con la suya, y así, a mediados de octubre de 1988, comenzaron las sesiones de grabación junto a su ya productor de confianza, Dave Allen. Todo arrancó en el Outside Studio, ubicado en Reading, Inglaterra. Se trataba de una vieja casona que fue acondicionada como un estudio de grabación y que se puede apreciar en el videoclip de la canción «Ouija Board», de Morrissey.

Disintegration fue la respuesta más personal que podría esperarse de Smith ante todas las conjeturas lanzadas por prensa y fans sobre cuál iba a ser el movimiento posterior a *Kiss Me, Kiss Me, Kiss Me*. Nadie había concebido un retorno al espíritu de los discos que integran la bautizada como «trilogía siniestra» del grupo. Pero su nueva criatura era algo más, un tratado de belleza torrencial para el cual Smith se enfrentaba a todos los miedos y heridas pasadas que acechaban su vida en aquel momento.

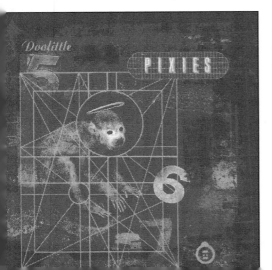

1989 siempre será recordado como un año repleto de discos icónicos para las diferentes tribus musicales que había en aquel momento. Los Pixies retomaban su pop-punk de manicomio en *Doolittle* (1989), mientras que el efecto generado por My Bloody Valentine y Sonic Youth estaba más presente que nunca.

El shoegaze se encontraba en pleno auge y bandas como Ride y Pale Saints comenzaban a asomar la cabeza. En un plano más clásico, tres pesos pesados como Lou Reed,

Doolittle, el segundo álbum de estudio de la banda de rock alternativo e indie rock Pixies.

Neil Young y Bob Dylan resucitaban por medio de sus mejores trabajos en mucho tiempo. Quienes tampoco perdían el tiempo eran New Order que, ante la

eclosión de Madchester, respondían con *Technique* (1989), su *Blood on the Tracks* (1975) particular. Dentro de los ya no tan subterráneos mundos del hip hop, De La Soul y Beasty Boys descubrían una gruta psicodélica de golosas posibilidades, los primeros con la publicación del imprescindible *3 Feet High And Rising* (1989) y los segundos con el siempre infravalorado *Paul's Boutique*, considerado en muchas ocasiones como el «Sargeant Pepper...» del hip hop.

Dos divas, que definieron el trasvase de los setenta a los ochenta, como Kate Bush y Stevie Nicks también retornaban con sendos LPs. Mientras, el mundo estaba hipnotizado por la fiebre del *Batman* que Tim Burton y Prince habían ideado.

Batman, en el imaginario de Tim Burton.

Desde otro plano, Depeche Mode demostraban que una banda synthpop podía crear un culto masivo en Estados Unidos. En las catatumbas underground, Television Personalities volvían a hacer otra genialidad ciega al mundo que les rodeaba y Felt cerraban los años ochenta con la enésima prueba de que fueron el paradigma de las propiedades anti-arrugas del gesto pop. Los que sí demostraron su salto definitivo hacia el gran público fueron R.E.M., que un año antes se sacaron de la manga *Green* (1988), el éxito que en su momento no pudieron obtener grupos surgidos desde las miasmas indies como Hüsker Dü o The Replacements.

De una punta a otra, el universo pop gozaba de plena salud. Un ejército de bandas jóvenes y audaces, como Galaxie 500 o Kitchens of Distinction, estaban configurando nuevos territorios sonoros para el cual se estaban demarcando las líneas maestras antes de la estruendosa entrada de los noventa, donde los Stone Roses y Happy Mondays habían sido bendecidos por la prensa británica como guías espirituales de toda una generación ensimismada por la cultura acid y las drogas de diseño.

En aquella misma época, Robert Smith se encontraba ante un panorama borroso. A pesar su éxito con *Kiss Me, Kiss Me, Kiss Me* parecía estar condenado a ser sepultado como un recuerdo extravagante de los años ochenta. La prensa británica celebraba el final de la década como si de la peste se tratase. Pero el tiempo acabó dando la razón a todos los que sobrevivieron a los nuevos ídolos con pies de barro vanagloriados por *New Musical Express* y *Melody Maker*. Uno de ellos fue Robert Smith, cuya situación vital en 1989 se encontraba en un punto crucial. Ya rondando la treintena, Smith encaraba su vida matrimonial con Mary Poole, su novia desde que tenía quince años. Desde el mismo día en que Smith le preguntó a Mary si quería ser su compañera en un proyecto de clase dramática, sus destinos quedaron engarzados en una única vía de escape. Fue en St. Wilfrid's Comprehensive School, de Crawley, Inglaterra, donde se selló el pacto inquebrantable entre ambos.

Mary solía vestirse como una bruja para asustar a los niños pequeños. Un espíritu afín a Smith, pero por ser la persona que sabía cómo tratar sus terribles momentos de bajón y apesadumbrada timidez. Smith llegó a reconocer en 1996 para la revista *Pop* que «Mary es tan incomprensible para mí… En realidad, no creo que se haya dado cuenta de lo dependiente que he sido de ella durante todos estos años en los que hemos estado juntos. Ella siempre ha sido la que me ha salvado cuando he sido más autodestructivo. Ella siempre ha sido la que me ha atrapado cuando he estado tan cerca de desmoronarme por completo. Y si hubiera llegado a desaparecer, lo siento. Sé que estoy cayendo en mi parte más irritante y miserable al decirlo, pero me habría suicidado».

La educación católica romana recibida por Smith en su adolescencia se traduce en un halo de atmósfera sacra a lo largo de canciones como «Plainsong» y «Closedown», los momentos donde *Disintegration* alcanza límites de hermosura sideral, los cuales no habrían desentonado como sinfonía matrimonial en el día

de su enlace con Mary. «Mis padres y los padres de Mary estaban muy contentos cuando decidimos que queríamos tener una boda adecuada, porque solo te casas una vez, así que queríamos que todo fuera romántico», recuerda Smith para *Never Enough*. «Eso significaba que no queríamos que se acercaran por allí la prensa ni los fans de The Cure, no habría sido justo para Mary. De haber sido así, seguramente habría pensado: "Incluso hoy el grupo es más importante". Lo hicimos para que todas nuestras familias, parientes y amigos, pudieran tener una buena reunión y también (se pone un poco soñador) porque, de alguna manera, me parecía lo correcto».

El enlace entre Smith y Mary se produjo un 16 de agosto de 1988, época en la que el hombre The

Cure estaba preparado para ir a la casa de Boris Williams, batería del grupo, a mostrarle al resto de la banda las demos que había grabado. Una de ellas, era «Lovesong», el regalo de bodas que Smith le hizo a Mary, sazonado en forma de éxito superventas. Más allá del candor pop melancólico que desprende esta canción, heredado del pop otoñal, puro e inocente, de «Catch», el resto de la música que Smith iba a mostrarles atentaba contra el modelo pop que cabría esperarse para poder prorrogar el éxito alcanzado con singles tan radiantes como «Just Like Heaven» y tonadas desenfadadas, casi carnavalescas, del tipo de «Why Can't I Be You» o «Hot Hot Hot». No, sus nuevas hijas eran sombrías, tanto que, si al resto de la banda no le gustaban, estaba decidido a grabarlo en solitario.

Aunque no encajaba en el conjunto final, una de esas canciones es «Lovesong». Dedicada a Mary, su título no podría ser más elocuente y genérico del esfuerzo que tuvo que hacer Smith para focalizar su genio creativo en escribir una simple canción de amor. «Me tomó diez años llegar al punto de sentirme cómodo cantando una canción de amor sencilla», llegó a reconocer Smith en algún momento.

Más allá de haber sido su presente de bodas a Mary, «Lovesong» reproduce el miedo de Smith por traspasar a la barrera de la treintena. En una línea como «Whenever I'm alone with you / You make me feel like I am young again» (Siempre que estoy solo contigo / Me haces sentir como si fuera joven otra vez), Smith se agarra a Mary como si se tratase de su salvavidas. Sin embargo, donde tal ansiedad queda plasmada de forma cruda y lírica es en cortes como «Fascination Street» y «Prayers For Rain». De espejos donde contemplarse con miedo a máscaras de la muerte, Smith suena como un personaje de manga atrapado entre las páginas de un cómic de Suehiro Maruo, autor de *La sombra del vampiro*.

A pesar de que ya había alcanzado la perfección pop por medio de trucos de magia como *The Head On The Door* y de haber parido pináculos del pop siniestro, tales que *Faith* y *Pornography*, Smith sentía que aún tenía que hilar esa obra mayor que lo tenía obsesionado. En este caso, una que también le sirviera como terapia personal hacia la nueva etapa vital que se le presentaba, a cómo enfrentarse con las limitaciones que él creía que iba a provocar llegar a la treintena. «Eso se debe al saber que la verdadera infancia se ha ido, se trata de perder el tiempo», explica Smith. «La gente siempre lo interpreta mal y piensa que me preocupa envejecer. Pero no es eso, se trata de saber que te estás quedando sin tiempo. Son dos cosas diferentes. Se trata de desear tener la cantidad de tiempo que parecías tener cuando eras muy pequeño, cuando las cosas parecían alargarse para siempre. Nunca puedes recuperarlo, pero sí puedes luchar. De ahí es de donde proviene el sentido genuino de la pérdida y es por ello que me gusta la idea de escribir, porque los escritores parecen tener una edad indeterminada. Me sorprendió cuando descubrí que Patrick White (autor de "The Vivisector" y "The Burnt Ones") tenía setenta y ocho años. Él siempre parecía tan joven. Me encanta eso».

La grabación de *Disintegration* se caracterizó por un hecho central: fue como vivir dentro de la cabeza de Smith entre noviembre de 1988 y febrero de 1989. Durante esa misma temporada Smith quedó apresado en su cárcel de LSD. La depresión era la tónica constante en su día a día, acuciada por el suicidio de dos fans de The Cure mientras escuchaban sus canciones. Smith recortó la historia del periódico y la pegó en el muro del estudio mientras grababan las canciones que iban a engrosar su nuevo álbum. Los Hook End Recording Studios, situados en Checkendon, no sólo tenían que lidiar con la situación enfermiza que estaba sufriendo Smith, sino también con la presencia de dos fantasmas rondando en cada uno de los temas que, finalmente, conformaron *Disintegration*.

En cierto modo, Smith quería retomar el ambiente malsano gestado para *Pornography*. En aquel disco, «la banda se estaba desmoronando debido a la bebida y las drogas», llegó a reconocer Smith para *Rolling Stone*. «Es un hecho que se registraron algunas de las canciones en los baños para poder obtener una sensación verdaderamente horrible, porque los baños estaban sucios y sombríos. Simon Gallup no recuerda nada de eso, pero tengo una foto mía sentado en un inodoro, con la ropa puesta, tratando de arreglar algunas de las letras. Es una foto trágica. Nos sumergimos en el lado más sórdido de la vida, y tuvo un efecto muy perjudicial en todos los miembros del grupo. Nos pusimos en contacto con algunas películas e imágenes muy inquietantes para ponernos con el humor acorde a lo que buscábamos. Más tarde, pensé: "¿En verdad, valió la pena?". Estábamos solo en la veintena, y nos sorprendió más de lo que me había dado cuenta. Sobre todo, por el hecho de cómo podían llegar a ser las personas de malvadas.

Hay un cierto tipo de fan de The Cure que considera *Pornography* con más estima que cualquier otra cosa que hayamos hecho. Pero, en aquel momento, la mayoría de la gente lo odiaba. Son las únicas canciones que hemos tocado donde la gente salía o tiraba cosas después de asistir a nuestros conciertos. Pero entonces probablemente no éramos tan buenos sobre el escenario [risas]».

Sin embargo, Smith no hizo caso pleno a sus propias palabras. No en vano, él mismo reconoce que para *Disintegration* «en realidad, quería lograr un ambiente que fuera un poco desagradable». Smith se encerró en sí mismo y optó por el voto de silencio durante la grabación del disco. El ambiente monástico que se respiraba fue demasiado para Lol Tolhurst, que hacía tiempo que venía siendo una carga demasiado dura de sobrellevar para el resto del grupo. Su actitud cancerígena había alcanzado límites insoportables. Su aportación era nula. Quien había sido miembro fundador del grupo, se estaba desintegrando durante aquella época. La expulsión rondaba, hasta que se hizo efectiva duran-

te la producción del disco. Su participación en el mismo queda reflejada en un escueto, y representativo, «other instruments» en los créditos del disco.

Durante la grabación, la presencia de Roger O'Donell como miembro de pleno derecho del grupo fue una sombra demasiado alargada para Tolhurst, que veía como le desplazaban totalmente de sus labores con los teclados y sintetizadores. O'Donell ya venía siendo parte del grupo desde la época de *Kiss Me, Kiss Me, Kiss Me*, pero oficializar su incorporación fue toda una llamada de atención a un Tolhurst que había pasado de ser el mejor amigo de Smith a su peor

Roger O'Donnell, teclista de bandas como The Cure o The Psychedelic Furs.

pesadilla. Smith lo odiaba y se refería a él como ese «puto gordo». De hecho, éstas eran sus palabras más amables cuando se refería a Tolhurst.

Después de una década codo con codo, se acercaba el final anunciado. La cuerda se había tensado hasta límites insoportables. El alcoholismo en el que se sumió Tolhurst era un tobogán hasta la muerte. Su día a día durante la grabación se reducía a beber y contemplar la MTV. La atmósfera se volvió tan tóxica que finalmente fue expulsado del grupo en febrero de 1989 durante una sesión de mezclas en los RAK Studios, en Londres. Tras menospreciar el trabajo realizado por el resto del grupo, se hizo añicos la obligación moral que Smith tenía con Tolhurst, cimentada en su vieja amistad. «Ya no sabía quién era y él tampoco sabía quién era él. Yo solía desesperarme y gritar a los demás porque era jodidamente demente la forma en la que lo tratábamos», reconoce Smith.

En su lugar, se puede certificar que el imponente muro de sintetizadores ideado por O'Donell para canciones como «Plainsong» hizo que la marcha de Tolhurst fuera por la puerta de atrás, sin lágrimas ni la sensación de haber perdido una parte integral del grupo. Smith había dado con su formación más esplendorosa. Un sexteto donde el bajo de Gallup iza velas en todo momento, el tremor de una red de cuerdas densas como las venas de un vampiro y profundas como si fueran pulsadas desde la orilla de un precipicio. Su exhibición en

«Closedown» y la titular del disco ha tallado en la memoria colectiva los momentos más icónicos y recordables de un trabajo donde jamás debemos olvidar los cristalinos punteados eléctricos trazados por Smith. Los mismos con los que aprovecha para ejecutar progresiones que suenan como intros interminables. «Pictures Of You», «Fascination Street», «Prayers For Rain», «Disintegration». En todos estos cortes se impone un desarrollo remarcado en crear una atmósfera donde la voz de Smith únicamente hace aparición cuando ya se ha alcanzado el clímax instrumental.

El armazón sónico de «Disintegration» conforma el corazón del disco. Smith, O'Donell y Gallup son los que llevan las manijas de las canciones. Pero la aportación de estos dos últimos y el resto del grupo suena más como la personificación de las melodías y ritmos que nadan en la quijotera de Smith que como un respaldo a su idea de cómo tendría que sonar el conjunto. Por pura inercia, más que la máxima expresión de The Cure como grupo, *Disintegration* es la prueba mayor de que Smith es el eje de todo. En todo momento. «No habría The Cure sin Smith», admite Simon Gallup con calma para *Rolling Stone*, «no habría, no tendría sentido. Todos sabemos cuánto pone Robert de sí mismo en las letras. No podríamos encontrar a nadie más y tampoco querríamos eso». «Los otros podrían irse y hacer otra cosa», dice Robert. «Yo podría hacer otra cosa, todos podríamos hacer cualquier cosa, pero ya no sería The Cure. Sería muy tedioso, no sería divertido. Simplemente ya no habría esa intensidad. No lo haríamos. Somos una banda, una banda de verdad».

Resulta curioso que al hablar de las conexiones de *Disintegration*, siempre se suele citar *Pornography* como la más evidente. Sin embargo, donde se encuentra la semilla del disco es en canciones de *Faith* como «All Cats Are Grey» y «The Funeral Party». La exuberancia en cinemascope de ambos cortes define el sonido en modo marcha fúnebre que guioniza *Disintegration*, un trabajo donde Smith se volcó más que nunca en traducir sentimientos agazapados en el subconsciente como si parpadearan en forma de luces de neón.

En las canciones del disco, las letras remiten a dramas tan internos como fantásticos. Es capaz de convertir un trauma somatizado en timidez a través de una explosión de épica tremebunda. La empatía generada por la relevancia que otorga a estos secretos personales, llevados bajo el velo del silencio, es lo que hizo que *Disintegration* fuera la ansiada llave hacia la normalización de millones de vidas agazapadas en la penumbra existencial. De una letra como «Pictures Of You», Smith es capaz de condensar en las líneas más sencillas del mundo la magia y el dolor de recordar momentos y pérdidas a través de la contemplación de unas fotos del pasado.

La conexión entre los sentimientos de Smith con sus fans no eran los de una mega estrella impulsada por quilos de ego intimidante, sino la de sentimientos reconocibles por todos y cada uno de ellos. «Sólo estoy presentando mi punto de vista», dijo Smith para *Never Enough*. «Quiero decir, no creo que las cosas sean más injustas cuando me pasan a mí. No creo que escriba más palabras desde un punto de vista puramente egoísta, de lo contrario creo que sería un escritor de mierda. Sería mucho peor de lo que soy porque, en verdad, me he esforzado mucho en hacer que las canciones sean mucho más que algo en lo que estoy quejándome de algo. Es lo que es. Es mi forma de quejarme, es cierto. Es como un berrinche, pero no soy sólo yo quien siente esta clase de cosas».

Never enough, del escritor Jeff Apter.

En este sentido, *Disintegration* no deja de ser una ampliación del campo de batalla de las emociones de Smith. Un tipo de personalidad bipolar, incapaz de comprender el significado de términos como «normal» o «superficial». «Mi personalidad es extraña, está dividida», comenta Smith. «Puedo llegar a un punto en el cual soy fanáticamente ordenado. Y en el otro extremo, dejar que todo se haga pedazos. He llegado a arriesgarme físicamente. Como cuando estábamos en París y me subí a la parte exterior del hotel en el que estábamos para entrar en una de las otras habitaciones. Era un segundo piso. Por otro lado, estar en Estados Unidos cambia mi personalidad por completo. Me vuelve alguien monstruoso. Tan ruidoso y desagradable como muchas de las personas que puedas llegar a conocer. No puedo soportar los Estados Unidos. Me refiero a que tocar está bien, pero los locos de allí son peores que en cualquier otra parte del mundo».

Por su manera de contemplar las cosas desde un punto de vista donde parecen asomar las sombras de lo enfocado, las canciones de *Disintegration* crecen en tres dimensiones. Un sonido crepuscular repleto de nervios y tendones para el que únicamente era necesario dejarse llevar por el halo de inspiración que respiraba Smith a través de sus obsesiones más íntimas y de los ecos del pasado, como el que lo conectaba con Joy Division.

A medida que la grabación fue avanzando, *Disintegration* fue tomando la forma de una representación física del laberinto mental en el que se encontraba Smith. Durante los cuatro meses de grabación del disco, el cerebro, imagen y alma del grupo se perdió en el ensimismamiento absoluto de su ingesta continuada de LSD. Smith estaba sufriendo. Sus espíritus arrastraron al encierro de Smith bajo llave en una cárcel hecha a su medida. Su retiro espiritual condicionó el tono de unas sesiones para las cuales su única forma de contacto con el resto de la banda era a través de la música que iba surgiendo para la ocasión. Esa misma atmósfera enrarecida es la que se intuye en piezas lluviosas como «Prayers for Rain» y «The Same Deep Water as You».

La claustrofobia generada por la metodología empleada en la grabación revirtió en un estado de telepatía conjunta, donde los miembros del grupo actuaban como sonámbulos con el camino aprendido de memoria. El bajo de Simon Gallup marcaba las coordenadas de hipnosis quilométricas, casi sin variaciones, en las que cada aportación del resto se producía de forma sobrenatural, como empujada por una consciencia mayor de pensamiento. Solo así es posible alcanzar el clímax en cada uno de los doce temas ensamblados. Ya sea en la titular del álbum o en «Closedown», siempre se repite la construcción de esqueletos circulares sobre los que crecen cortes de dinámica horizontal, expuestos continuamente al trance, que invitan a perderse por su geografía de destellos de aura gótica, sintes antárticos y pespuntes eléctricos, que suenan como estalactitas derritiéndose.

El 30 de enero de 1989, se publica *Technique*, el quinto LP en
estudio de New Order. Su destino, el primer nº1 del grupo en las
listas de ventas británicas. Tony
Wilson se frota las manos. Madchester está esperando su turno.
Pero la sobreexcitación eufórica
de «Fine Time» es un espejismo.
Las canciones que nutren *Technique* son castillos en la arena
bañados en lágrimas. El quinto
LP en estudio de Sumner y compañía es un disco de ruptura que

Technique, el quinto LP en estudio de New Order.

se niega a aceptar la misma. Bernard Sumner quiere entender el porqué. En
«Dream Attack» le pregunta directamente a su ex. Es un disco modelado sobre
un halo de confusión interna. Y ésa es su fuerza. ¿Madchester o no? ¿Tecno
o rock? ¿Ruptura o reconciliación? De «All The Way» (su «Just Like Heaven»
particular) a «Mr. Disco», se establece un desfile de espejos trucados de los
que siempre surcan las mismas facciones: las de una Manchester fraccionada
entre los ecos del pasado y la euforia extasiante del fin de semana redentor. El
éxtasis como forma de liberación última, aunque pasajera.

Tres meses después de la nueva demostración de New Order se hizo realidad
la publicación de *Disintegration*. El día elegido para su alumbramiento fue el 2
de mayo de 1989. Tres semanas antes, el diez de abril, su aura comenzó a ser vis-
lumbrada a través de «Lullaby», single de adelanto a mayor gloria del videoclip
realizado por Tim Pope para la ocasión. No en vano, estamos ante, seguramente,
uno de los que más pesadillas ha provocado desde los años ochenta en adelante. Y, sobre todo, dentro de una generación de jóvenes que tenían acceso
directo al subconsciente alucinado de Robert Smith.

Una escena de la película *Eduardo Manostijeras.*

Más que nunca, Smith y los suyos cuidaron el imaginario visual de un grupo sin el cual jamás existirían películas como *The Crow* y *Eduardo Manostijeras*. Su influencia fue una estilización del legado de Siouxsie, pero con la suma de los labios pintados del Joker, cardados imposibles y estrafalarias zapas deportivas más propias de un rapero del Bronx que de un espíritu gótico torturado.

Dentro del impacto cosechado con *Disintegration*, la emisión de vídeos como «Lullaby» fue de gran importancia. La imagen inequívoca de Smith se convirtió en uno de los avales más identificables del grupo, y lo iban a explotar hasta el límite. El resultado fue tan brutal que, de repente, todos los góticos norteamericanos y adolescentes que rompían con los estereotipos dominantes de la sociedad yanqui salieron a la luz bajo la misma bandera.

Desde el mismo día en que *Disintegration* salió a la calle, se produjo una reacción masiva, alentada por la entradilla del grupo, «Lullaby», el single publicado tres semanas antes de la salida del álbum, cuya pertenencia a tres millones de compradores se hizo posible desde el dos de mayo de 1989 en adelante.

Rápidamente, *Disintegration* se convirtió en su LP más vendido en terreno estadounidense, dos millones de ventas que coincidieron con la gran apertura de Depeche Mode en tierras norteamericanas. Ambas formaciones de imagen extravagantemente británica rompieron los moldes que dictaminaban la moral norteamericana hacia todo acto musical disfrazado de transgresión, androginia y absoluta falta del ridículo. Tanto The Cure como Depeche Mode echaron el anzuelo a miles de chicas y chicos que eran como Allison Reynolds en *El club de los cinco*. Gracias a ellos, millones de personas solitarias iban a contar con un oráculo a partir de ese momento.

Más que en ninguna otra etapa del grupo, Smith relucía más grotesco que nunca. Su pelambrera indomable, la blancura mortecina de su piel, esas camisas con tres tallas de más, las zapatillas gigantes. Todo en su imagen estaba perfectamente equilibrado para poner rostro a los sentimientos encarcelados en la timidez de sus fans. Quizá porque esta misma máscara es la que Smith necesitaba para integrarse en el mundo que le rodea, muchos entendieron que podían vencer sus propios miedos e inseguridades a través de una acción similar. Como esos labios de tono rojo profundo, del mismo color que la sangre Titanlux derramada en las películas de Dario Argento. «Comencé a utilizarlo porque me hacía sentir más seguro y atractivo», comenta Smith para *Q Magazine*. «Debido a su efecto me quedo completamente sin rasgos faciales. Pero en el escenario siempre solía inclinar mi boca sobre el micrófono y cerrar los ojos para no tener que ver a la gente. Y al final salí con un lápiz de labios manchado por toda la cara. De modo que pensé que sería mejor seguir así y hacer que se viera como algo intencionado».

La imagen proyectada por Smith en cada uno de sus vídeos y apariciones en televisión o en directo remarcó la idea de que, en su vida normal, alejado del gran público, también se vestía y maquillaba de esta misma manera. Smith era el personaje que se había creado a sí mismo durante las veinticuatro horas del día. De hecho, sus antecedentes invitaban a creer en esta idea, que era tremendamente atractiva para todos sus fans, los cuales no podían contemplar la diferencia entre persona y personaje porque, básicamente, no había. «Yo solía ir a la escuela en pijama», explica Smith para *The Quietus*. «No lo hacía para que la gente me mirara fijamente, aunque supongo que sí lo hacía. Si lo piensas un poco, también podría haber ido a la escuela con mi ropa normal y cambiarme de pijama cuando llegaba allí. ¿Era un poco extraño? Sí, bueno. Pero odiaba la estúpida política del lugar y lo hice porque disfrutaba molestándolos. Nunca he estado preocupado ni nervioso acerca de las personas que me miran, aunque, al mismo tiempo, me pongo muy nervioso por hablar con alguien. Sim-

Un momento del vídeo musical de «Lullaby».

plemente no soy muy sociable, la gente respeta eso y me deja en paz. Así que nunca tengo la sensación de que soy famoso o que soy Robert Smith de The Cure. Me siento muy normal».

Retomando la importancia que tuvo «Lullaby» para consolidar el estrellato alcanzado por el grupo, cabe recordar que su impacto fue tal que, incluso, Jimmy Page y Robert Plant realizaron su versión del tema en la gira que dieron en 1995. Que dos figuras tan rutilantes como éstas llegaran a versionar a The Cure refleja a la perfección el grado de respeto que provocó *Disintegration* dentro de todos los ámbitos de la industria discográfica, y que hasta aquel entonces no se habían labrado.

Asimismo, jamás debemos olvidar que entre las caras B incluidas de los diferentes formatos de los singles, se encontraban cortes como «Babble» y «Out Of Mind», descartes de la obra principal que engrandecen el aura imbatible de *Disintegration*. Lo mismo se puede decir de una golosina tan luminosa como «2 Late» o la inquietante «Fear Of Ghosts». Todo un póquer de piezas «sobrantes» que para cualquier otra formación serían pináculos de su producción discográfica.

El salto a los Estados Unidos, ya gestado con *Kiss Me, Kiss Me, Kiss Me*, se materializó con *Disintegration*, un disco cuyo sonido de hechuras voluptuosas parecía estar predestinado para lo que terminó convirtiéndose el grupo: una banda de estadios. A pesar de que dicha realidad era lo que más odiaba Smith, lo cierto es que la monumentalidad exhalada por canciones como «Plainsong» parece haber sido diseñada para actuar al aire libre delante de cuarenta y cuatro mil personas, como en el concierto que ofrecieron en el estadio de los Giants de Nueva Jersey. Para dicha actuación, el primer día ya se habían vendido treinta y mil entradas. La expectación de encontrarse con The Cure era máxima. Y más todavía ante la necesidad de acotar el número de fechas que tenían planificadas para realizar su gira yanqui. La causa: el miedo a volar de Smith, que tuvo que desembarcar en los Estados Unidos como los emigrantes que llegaron a Estados Unidos a principios del siglo XX, en barco.

Las actuaciones ofrecidas por The Cure en sitios como el Dodger Stadium de Los

Ángeles subrayaron la creciente popularidad que se estaban granjeando en la parroquia norteamericana. Tanto en este concierto, con cincuenta y mil asistentes, como en el resto de su excursión al otro lado del charco, se registraron repetidos *sold outs* que incentivaron la querencia de Smith por no volver a girar. Menos mal que dicha ocurrencia, nacida de su sobreesfuerzo para tocar delante de miles de rostros anónimos noche tras noche, no se materializó, porque «The Prayer Tour» fue una de las últimas grandes demostraciones de poder sobre un escenario realizadas en los ochenta.

Durante el final de la gira, el abuso de Smith con la cocaína comenzó a distanciarlo del resto del grupo. Sin embargo, nada podía hacer mella en unos espectáculos donde la base de *Disintegration* fue la columna vertebral de conciertos que podían llegar a sobrepasar las tres horas de duración. Como si de una manifestación colosal de rock para masas se tratase, The Cure transformaron la liturgia pop en un espectáculo rock sin aranceles con la eternidad. Un monumento que recordaba la grandeza de lo que significaba asistir a un encuentro por todo lo alto con el grupo de tu vida. Porque eso es en lo que, finalmente, se convirtieron The Cure con *Disintegration*: en el *score* que da cuerda a la vida de millones de feligreses que nunca han podido reemplazar el torbellino de sensaciones de un disco nacido para acompañarnos como un amigo más, y no una mera colección de canciones guardadas entre los surcos del acetato.

29 de noviembre de 1989, Top Of The Pops tiene programadas las actuaciones de los Stone Roses y Happy Mondays. Antes de abril de aquel mismo año, la recepción de la prensa capitalina hacia los Stone Roses se reducía a la crítica de un concierto, otra de un single y un artículo. Ian Brown, cantante y cabecilla del grupo, exponía tal falta de cobertura como parte de la vía alternativa que los Roses llevaban cimentando desde 1985: «Mucha gente no va a escribir sobre nosotros ya que no estamos afiliados en todo el asunto de las bandas locales. No vamos a The Boardwalk ni tocamos en festivales. No queremos ser una banda de teloneros en nuestra propia ciudad».

Ya en el 29 de julio de 1989, los Stone Roses tocan en el Blackpool's Empress Ballroom. El seguimiento a nivel nacional de dicho concierto fue disipando su invisibilidad entre las esferas londinenses. En Top Of The Pops interpretan «Fool's Gold». La misma expresión flotante del *wah wah* dispone un sentimiento de desprendimiento absoluto. Tanto como su imagen. Ian Brown y los suyos se presentan embutidos en pantalones con seis tallas de más y camisetas y jerseys "más holgados que un camisón de noche". Por su parte, los Happy Mondays interpretan «Hallelujah»: la celebración norteña de la Manchester de los aerosoles, el éxtasis y el tremor dopamínico, el mismo que expresa *Madchester Rave On* (1989), el título del EP que publicaron ese mismo mes. Había que delimitar la fiebre house-rock propagada en Manchester. La idea también era hacerlo geográficamente. Y la reconversión de Manchester en «Madchester» en el título del nuevo trabajo de los Mondays se tradujo en la excusa ideal. Definitivamente, Madchester se había oficializado. Y lo hicieron sin el permiso de la prensa londinense. En su lugar, los fanzines locales, como *Ablaze!* –que, aunque tenía su base en Leeds, dio gran cobertura a la etapa pre-Madchester–, *Debris* y *City Life* ya habían puesto los cimientos del seguimiento local sobre el que se fue rodando esta escena antes del anunciamiento de su existencia al resto de Inglaterra. A todo ello había que añadir cómo el mismo pasado de Manchester estaba fuertemente arraigado del Northern Soul al descubrimiento del acid house, los pilares sobre los que asentar la autenticidad de Madchester. En efecto, sin los años del Northern Soul, Madchester jamás habría tenido la más mínima oportunidad de haber surgido. De hecho, el mismo Northern Soul fue un precedente del *crossover* musical de Madchester, una cultura de la música disco. Todo había comenzado con viejos discos de soul de los años sesenta. El Northern Soul también se nutría de noche de fusiones entre soul moderno y funk. Aunque rara vez esto acabó por funcionar. Sobrevolaba un ambiente de división entre puristas y lumbreras como Ian Levine.

Madchester tenía el control. Su anticipación le daba ventaja en el ansiado cambio de década. El acid house había dispuesto railes hacia la excursión sin paracaídas del fin de semana. El hecho de que Madchester fuera más una localización geográfica que un estilo de música concreto vino a raíz de la falta de comprensión por parte de los medios a la hora de entender la gestación de una cultura cocida entre los clubs y las discotecas de la ciudad. Madchester era una red que llevaba extendiéndose desde 1987, cuando el house se asentó en las cabinas de los DJs. Ellos fueron los primeros en recogerlo y anunciarlo, a lo que le siguió la adopción del éxtasis como la droga hecha a medida para las nuevas regiones, que parecían haber nacido como una resaca en replay de la inflamación transcendental originada por Joy Division. Las reglas del juego habían cambiado tanto como los New Order de *Movement* a *Technique*. El concepto de evasión fue trocado por la invasión de bandas externas a la ciudad. La concepción inicial de un sonido centralizado en la identidad mancuniana cambió rápidamente desde que una banda de Wolwerhampton, The Charlatans, publicaron su primer single desde su propio sello, Dead Dead Good, en enero de 1990. Desde Londres, Flowered Up abrazaron la corriente madchesteriana. Mientras, los liverpulianos The Farm arrasaban en las listas con su *All Together Now* (1990) y EMF —literalmente, *Ecstasy Motherfuckers*–, a finales de 1990, alcanzaban el nº 3 de las listas con *Unbealiavable* (1990). Pero los dos casos que ejemplificaron con creces una adopción real de estándares estilísticos madchesterianos provinieron por parte de una banda de Sheffield, World Of Twist, y de los escoceses Primal Scream.

En aquellos momentos, The Cure se encontraba lejos de la moda masiva que pregonaba la entrada en una nueva década que proponía el borrado absoluto de todo lo sucedido a lo largo de los años ochenta. Su método de supervivencia ante el contexto creciente primero partió de la publicación del single «Never Enough», en el cual se adhieren a la moda funk noise eléctrica articulada por parte de grupos como los Happy Mondays. Sin embargo, el método empleado para sobrevivir de Smith fue el de siempre, la metamorfosis de sus códigos creativos en unos nuevos.

Discos tan contrastados como *Disintegration* y su sucesor subrayaron la idea de que, entre 1978 y 1992, no hubo un The Cure, sino, al menos, cinco manifestaciones diferentes de ellos mismos. Primero, los punk/new wave de *Three Ima-ginary Boys*. Luego, los post-punk atormentados de la trilogía siniestra. Durante un breve periodo de tiempo, los The Cure de corte synthpop correspondientes a singles como «The Walk» y «Let's Go To Bed». Después, los art-pop que van del 83 al 87, autores del denso pop en cinemascope que conforma *Disintegration* y los que alumbraron *Wish* en 1992, postrero bocado de inspiración sublime, en el cual ya no se trataba de Robert Smith y sus diferentes yoes, sino de una forma-ción estructurada para grandes estadios.

Donde dicha percepción queda plasmada al dedillo es en la caja de discos recopilatorios *Join The Dots*, imprescindible recorrido a lo largo de las caras B de singles publicadas por The Cure en sus dos primeras décadas de vida. Adentrar-se en el trastero de las rarezas de Smith y los suyos es como estar ante un grupo que siempre se vio reflejado en un espejo deformante de circo. Ensoñación en tiempo real que también derivó en la pronunciada irregularidad de un grupo con, al menos, una década de confinamiento en la prisión de las musas. Tiem-po más que suficiente para forjar uno de los can-cioneros más representativos de lo que podemos entender como la rotación imparable de un cubo de Rubik pop.

La exitosa gira por Estados Unidos que hicieron por medio de The Prayer Tour elevó la popularidad de un grupo de sus características hasta límites insospechados, hasta el punto de que ni el propio Smith habría podido llegar a creer. Pero lo que ya no podría ni haberse llegado a imaginar es que su siguiente paso discográfico no sólo consolidaría el reciente status del grupo, sino que incluso lo am-pliaría. Tampoco estaba escrito en sus planes haber sido la inspiración en la imagen ideada para Johnny Depp en su papel como «Eduardo Manostijeras» en la película de Tim Burton.

Su actuación en los Unplugged de MTV, en 1991, certificó dicha situación, en un momento en el que el mítico canal de música había puesto de moda este formato, gracias a las actuaciones de Nirvana y Eric Clapton. La actuación en el unplugged incluyó temas como «A Letter To Elise», uno de los singles extraídos de *Wish*, trabajo que fue cociéndose en los estudios de grabación entre 1991 y 1992, con momentos irrepetibles como las obsesivas interpretaciones que el grupo hacía del «Hello, I Love You» de los Doors, recogidas en *Join The Dots*. Jus-tamente, el teclado con tintes sesenteros cobró una nueva dimensión en un trabajo que, ante todo, será siempre recordado por contener «Friday I'm In Love», el hit más tierno y tontorrón de entre todos los compuestos a lo largo de toda la trayectoria labrada por los de Crawley.

En una entrevista concedida a *Guitar World*, Smith explicó el chispazo inspirador que prendió en el single más exitoso de entre todos los extraídos de *Wish*: «Recuerdo estar conduciendo a casa un viernes por la tarde para tener el fin de semana libre y comenzar a pensar en esta secuencia de acordes realmente genial. Estaba a unos veinte minutos del estudio. Así que me di la vuelta, volví al estudio y ahí seguían todos».

Primeramente, la canción se iba a llamar «Friday». Sin embargo, la sensación de amor, incluido en el título final, se fue gestando mientras Smith componía la letra: «Cuando escribí la letra, pensé, ¿por qué no hago una canción sobre ese sentimiento del viernes? Es algo que se siente cuando vas a la escuela y hay mucha gente que no disfruta sus trabajos. Así que ese sentimiento de viernes por la tarde es algo que esperas con ansias».

En realidad, el camino hacia la luz inspiradora de «Friday, I'm in Love» fue bastante simple. No en vano, finalmente surgió en base a que los viernes era el día en el que quedaban para tomar unos tragos en el pub que estaba junto a los estudios donde estaban grabando el que iba a ser el noveno álbum en estudio de la banda.

Melancolía y vitalismo juguetón se dan la mano en una canción clave en la carrera del grupo, pero de la cual Smith llegó a reconocer que «es una canción pop tonta, pero en realidad es bastante excelente porque es muy absurda. Está tan fuera de lugar, es tan optimista… Pero es bueno tener ese contrapeso. La gente cree que se supone que somos líderes de algún tipo de movimiento pesimista. Genuinamente tontas son mucho más difíciles de escribir… Revisé cientos de hojas de papel tratando de encontrar letras para este disco [Wish]».

Sin embargo, «Friday I'm In Love» estuvo a punto de no ver la luz. ¿La razón? Las dudas de Smith sobre si había escuchado antes esa tonada, o no. Tras cerciorarse con el resto del grupo de que había surgido de su cabeza de forma original, el corte cobró vida dentro del disco.

Más allá de estas dudas, en 1992, ser de The Cure no se había convertido en tarea fácil. «Por culpa del álbum *Disintegration* [una obra maestra oscura que se dice que nació del consumo de drogas y el desánimo de Smith en ese momento], realmente estaba viviendo en un tobogán. Aunque *Disintegration* es realmente bueno y creo que [el próximo álbum] Wish [1992] es lo mejor que hemos hecho nunca, hubo varios factores que contribuyeron a mi creciente aislamiento no solo del grupo sino de todo en realidad. Hicimos una gira mundial, constantemente tocábamos esas canciones, y entré en una mentalidad de la que me resultó muy difícil salir. Así que tenía este tipo de personalidad oscura y, mirando hacia atrás, me doy cuenta de que siempre hubo personas viviendo indirectamente a través de mí. Fui seducido muy fácilmente para interpretar un papel. La gente me empujaba y terminé convirtiéndome en algo que otras personas querían que yo fuera y obteniendo gratificación por el hecho de que otras personas se estaban divirtiendo por eso. Simplemente se convirtió en un círculo vicioso.

Wish es lo que sucede cuando una banda de rock visionaria y atrevida comienza a perder velocidad; cuando el ritmo de un álbum al año y las reinvenciones artísticas hacen una pausa para dejar que el mundo se ponga al día; cuando alcanzan un pico de popularidad pero comienzan a perder fuerza como unidad creativa en el estudio. Durante la gira del álbum en 1992, The Cure tocó en estadios con entradas agotadas en todo el mundo, sonando más fuerte que nunca, y la mayoría de la banda se retiró después. Encontraron un éxito perdurable con «Friday I'm in Love», y una buena parte de su base de fans se sintió un poco mareada al respecto. Estaban vendiendo discos y figurando en las listas como nunca antes, y los críticos comenzaron a centrar su atención en actos más modernos y jóvenes.

Precisamente, muchas de esas bandas más jóvenes citaban a The Cure como inspiración. Desde el shoegaze hasta el britpop, desde el rock alternativo hasta el post-rock, muchos de los estilos musicales destacados de los noventa se extrajeron de algún rincón del vasto catálogo de The Cure, ya fuera el post-punk con ramalazos nuevaoleros desplegado en *Three Imaginary Boys*, los bocetos fantasmales que condujeron a *Faith*, el art-pop juguetón que prendió en las canciones de *The Head on the Door* o la construc-ción inmersiva del mundo gestado en *Disintegration*. Cualquier canción de estos discos tiene suficiente carácter, visión y atmósfera para generar las carreras de cinco bandas completamente nuevas.

En aquellos momentos, la carrera de The Cure estaba viviendo una evolución mediática equivalente a dos bandas en particular: R.E.M. y Depeche Mode. Con ambos comparten la devoción por el sonido de guitarras amplificados que ambos tuvieron después de alcanzar su techo creativo y mediático, al mismo tiempo. Los primeros lo llevaron a cabo con *Monster* (1994) tras *Automatic*

Monster, el álbum más ruidoso de la discografía de R.E.M.

Depeche Mode, los padres del rock electrónico.

For The People y los segundos, con *Songs Of Faith And Devotion* (1993) y *Viola-tor* (1990), los discos que encumbraron definitivamente a Depeche Mode. En gran medida, estos discos fueron la consecuencia de un sonido más eléctrico en consonancia con el tipo de actuaciones que tuvieron que dar desde aquel momento en adelante, siempre más centradas en estadios que en otra clase de recinto menos vasto.

Por la parte de The Cure, fue la composición del single «Never Enough», uti-lizado como puente entre *Disintegration* y *Wish*, lo que convenció a Smith de querer ser un grupo de guitarras otra vez. En junio de 1992, Smith admitió en el magazine estadounidense *Pulse* que «Porl Thompson siempre ha estado muy orientado a la guitarra. Probablemente se ha visto limitado por la forma en que me ha gustado que las cosas sean muy minimalistas. Pero para *Wish* todos los miembros del grupo se vieron representados un poco más».

La depresión disfrazada de felicidad, sublimada en el «Let's Get Happy» tan representativo de la letra escrita para «Doing The Unstuck» marcó la senda doppelgänger de un grupo que se encontraba en un momento clave de su carrera. El mismo que supieron rentabilizar al máximo por medio de su productor de confianza, David M. Allen, en los Manor Studio. Allí fue donde grabaron las canciones del álbum. Una zona de confort gracias a la que estuvieron viviendo en el campo mientras llenaban las paredes de los estudios con poesías y dibujos suyos.

A diferencia de las tormentosas sesiones vividas en *Disintegration*, en *Wish* todo fue idílico, o por lo menos esa fue la intención. La ausencia de Tolhurst propició la tan ansiada sensación de estabilidad como grupo que Smith siempre había estado buscando. No en vano, tal como llegó a reconocer Smith: «Cuando hicimos *Disintegration*, había una atmósfera completamente diferente a la que tuvimos con *Wish*, eso fue debido a que estábamos haciendo estas cosas nuevas», dijo Smith para *Melody Maker*, en marzo de 1992. «Realmente, lo que vivimos con "*Disintegration*" fue bastante más salvaje en comparación con esto».

Por primera vez en mucho tiempo, la preparación de disco no conllevó a los típicos rumores recurrentes de que se trataba del último disco publicado por el grupo. Por primera vez, Smih no sentía presión a la hora de grabar y eso fue clave para que las canciones brotaran con calma, en su punto justo.

Joyas como «Letter To Elise» representan la conexión kafkiana del imaginario The Cure. No en vano, el germen de la misma brota del libro «Letters To Felice», que recoge algunas de las cartas que Kafka le escribió a Felice, su novia y prometida. El propio Smith llegó a reconocer en agosto de 2003 para la publicación *Rock & Folk* que con «A Letter To Elise» por primera vez, la voz del narrador era suya. De hecho, su influencia en su escritura posterior es enorme.

Letters To Felice.

Fuera de la burbuja en la que vivía The Cure, en el arranque de los noventa, Inglaterra vivió el ocaso de la rave madchesteriana implantada por The Stone Roses y Happy Mondays. Precisamente, el sonido de guitarras funk tan característica de la pose *baggy* fue uno de los condimentos utilizados para la confección de *Wish*. O sea, la misma que ya utilizaron como inspiración en «Never Enough», su single anzuelo de *Mixed-Up*, su disco de remezclas, publicado en 1990.

En cierta manera, «Wish» traza un mapa de los sonidos eléctricos más en boga en la Pérfida Albion al comienzo de la nueva década. De hecho, el influjo de la huella shoegaze también se hace presente en la tapicería de un disco que dio incluso para cortes descartados que anticipa los códigos estéticos del post-rock como «Uyea Sound». Este fue uno de los tantos descartes tan jugosos que florecieron durante la grabación de *Wish*. Otras fueron «The Big Hand» o «A Foolish Arrangement», cortes que bien podrían haber elevado el ya de por sí sobresaliente esplendor de *Wish* hacia renovadas cotas de magnificencia.

Estas canciones iban a formar parte de lo que fue la premisa inicial durante la concepción de la grabación: sacar adelante dos LPs, uno con el nombre de «Higuer» y otro de corte más atmosférico, con el suculento título de «Music For Dreams». Sin embargo, esta idea no fructificó. Incluso, antes de decidirse por *Wish* como título final, el destino del disco fue llamarse «Swell» provisionalmente. Como bien explicó Smith ante esta idea primeriza a *Rolling Stone*: «El primero ['Higher'] sería de guitarras y agresivo, mientras que el segundo ['Music For Dreams'] iba a ser lento, atmosférico y puramente instrumental. La banda estaba contribuyendo mucho más en las pistas. De hecho, había momentos en los que me sentaba y los dejaba tocar, lo cual es una sensación realmente excelente».

En cuanto a lo que iba a ser «Higher», la composición de «End» derivó en el cambio de idea para que el disco se llamara «Swell». «Tuve la idea de una canción que ahora se llama End», continua Smith. «Duraba unos siete minutos y se hizo más rápido y creció hasta llegar a una conclusión excelente y cacofónica. Entonces, tenía en mente que el título del disco sería "Swell", y "End" sería la última pista del álbum».

Finalmente, *Wish* fue el título escogido para abanderar el nuevo logro discográfico del grupo. Su lanzamiento oficial tuvo lugar el 21 de abril de 1992, el día en que Smith cumplió treinta y tres años. La poderosa dimensión sónica del disco ayudó a fortalecer la sensación de poder exhalado por un grupo que, durante aquellos años, ofreció sus conciertos más sólidos. El «Wish Tour» se prolongó a lo largo de 1992 y 1993, tiempo en el que amplificaron su rotundo éxito por medio mundo, dejando la sensación de que se encontraban ante su techo creativo, la consolidación definitiva de uno de los grupos más influyentes de la historia del pop, celebrando sus quince años de producción multicolor.

Mientras The Cure arrasaban con *Wish* y su gira de acompañamiento, el ritmo de los acontecimientos en Inglaterra proseguía como si no tuvieran nada que ver con Smith y los suyos. Aun más, como si no pudiera afectarles en lo más mínimo.

La primera mitad de los noventa coincidió con una de las épocas doradas de la música británica. Los resortes que hilaban el futuro se movían desde las cabinas de los DJs en los clubs de Londres. Pero también desde nuevas concepciones post-rock, que estaban significando para el rock un paralelismo de lo que había sido el postpunk en relación con el punk a finales de los años setenta. Todo se estaba conjugando dentro de una noción más amplia del britpop, no sólo como una corriente en sí misma, sino también como una respuesta externa, que propició algunas de las reacciones estilísticas más contundentes y sorprendentes desde los más diferentes polos. De hecho, no se entiende la verdadera dimensión del britpop sin conocer sus contrarios. En este sentido, durante los años que van de 1993 a 1997, Inglaterra fue un gran hervidero, pero no sólo debido al impacto causado por estrellas del pop como Oasis o Blur, sino también por el germen sembrado por bandas tan inconformistas como Disco Inferno o Stereolab, la explosión del «Bristol sound» y la aparición de grandes renovadores de la música electrónica, como Foul Play, Omni Trio y Goldie.

Disco Inferno, pioneros en el uso del sampleo digital junto a instrumentos de rock.

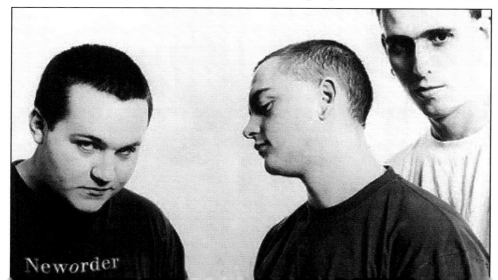

Neworder

El arranque de la década coincidió con años de puro frenesí evolutivo. El fin del mandato de Margaret Thatcher preconizó un panorama diferente que, sin embargo, tampoco supuso una verdadera renovación, si tal un optimismo exacerbado, que fue la base sobre la que se cimentó el espíritu del britpop. Pero vayamos por partes, Londres hacía tiempo que había perdido el cetro del pop británico, en favor de Manchester. Sin embargo, se podían respirar aires de optimismo en el ambiente. La rueda de los acontecimientos se puso a girar como una apisonadora a partir de 1993, el año en que Suede publicó su primer LP: la marca de salida de lo que suele considerarse como la gran explosión del britpop. Pero, antes de llegar a ese punto, hay que remontarse un lustro para empezar a divisar sus raíces. Eran otros tiempos. Manchester había adoptado su renacimiento como Madchester, la nueva capital del pop metanfetamínico. Mientras tanto, Londres seguía aletargada por una prensa que no encontraba motivaciones en las bandas residentes en la gran capital.

Desde Londres y alrededores, los tiros apuntaban hacia una evasión musical en toda regla: el shoegaze. De Leeds a Oxford, bandas como Ride, The Pale Saints, Slowdive o The Boo Radleys –a My Bloody Valentine mejor dejarlos aparte, ya que darían para un libro– estaban proponiendo la contraposición absoluta al movimiento que se estaba generando desde Manchester. Su pátina *white noise* tomó el molde onírico de las vaporosas texturas eléctricas creadas por

Cocteau Twins, el grupo escocés creador del género conocido como Dream Pop.

un grupo capital como Cocteau Twins hacia los más diferentes terrenos: unos hacia Love –The Boo Radleys–, otros hacia The Smiths –The Pale Saints– y todos hacia My Bloody Valentine.

Desde el mismo nombre que dio nombre a esta escena, «shoegaze», se advertía la mofa de una prensa que se había inventado este término con un sentido total y absolutamente peyorativo, al hacer referencia a la costumbre de estas bandas de tocar en directo con la vista fijada al suelo. Los *shoegazers* eran tipos como los pertenecientes a la generación del C86: en su imagen no había ni un atisbo de intentar contrariar con un mínimo de ambigüedad en su imagen o mensaje. Muchos de ellos, acabaron por subirse al carro del britpop, entre ellos, algunos como The Boo Radleys y, en cierta manera, Blur, cuyo primer álbum seguía las directrices marcadas por la onda reinante en la capital inglesa.

Pero ahora, volvamos a Manchester, desde donde estaban buscando nuevas excusas, como The Charlatans. La onda expansiva de la comunión dance-rock mancuniana propició la milagrosa transformación de Primal Scream, aunque también la de bandas tan acartonadas como Inspiral Carpets. En esta última, hacía de *roadie* un joven Noel Gallagher, futura cabeza pensante de Oasis y uno de los cabecillas más carismáticos de la ola britpop.

Como una reacción en cadena, los idílicos sesenta se convirtieron en la nueva meta a alcanzar. La euforia del momento se traspasó a una época anterior. En pleno 1990, la banda londinense The House Of Love publicó el single «Beatles And Stones». La declaración de amor que expresa a los cuatro vientos este corte, unida a la más que representativa deuda sonora que, precisamente, tiende hacia la gran dicotomía del pop británico de los sesenta, fue dando pistas del traslado geográfico que estaba a punto de ocurrir. Del Manchester contaminado de lujuria *dance* y orgullo gamberro a un inminente viaje al pasado, que sólo sería posible desde la capital inglesa.

La salida del single de The House Of Love coincidió con el punto más álgido de la explosión Madchester, pero también con el pico mayor del shoegaze. Durante el arranque de la nueva década, The Pale Saints alcanzaron su cumbre particular mediante *The Comforts Of Madness* (1990), el gran disco pre-*Loveless* de todo este movimiento. Mientras tanto, Ride se sacaban de la manga *Nowhere* (1990), portentoso ejercicio de estilo *white noise* que dejó huella en los charts británicos.

A pesar de los indicios de una nueva realidad musical, nadie estaba preparado para lo que estaba por venir.

10 de septiembre de 1991, Nirvana publica «Smells Like Teen Spirit». El tremendo éxito cosechado por el single que define a la generación X sólo fue la antesala del gran cataclismo: *Nevermind* (1991), el segundo LP facturado po Kurt Cobain y los suyos. De repente, lo independiente pasa a convertirse en alternativo. Lo que antes se consideraba independiente, ahora se reserva para las propuestas más arriesgadas. La industria discográfica cambia para

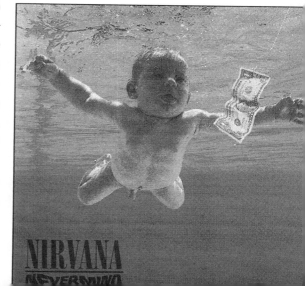

siempre. Las llamas del incendio llegan hasta la Vieja Albion, donde una nueva epidemia llamada grunge se apodera del público británico. Tras Nirvana, llegan Alice Chains, Soundgarden, Mudhoney, Tad y Pearl Jam. La invasión americana, basada en reciclar los preceptos sonoros de Black Sabbath a través de espíritu garajero, prende con fuerza. Se atisba una nueva confrontación entre Estados Unidos y Gran Bretaña, un hecho que no se vivía desde que las hordas del new pop inglés tomaron los charts americanos durante la primera mitad de los años ochenta.

En 1992, la prensa británica desvió la mirada, y Madchester se desintegró por ciencia infusa. Y su consecuencia indirecta fue el nacimiento del britpop. En realidad, la relocalización planteada mediante el britpop tuvo su conexión directa con tres hechos que parten de la misma Manchester: la explosión de Oasis; el vacío de poder dejado por los Stone Roses y los Happy Mondays; y el más significativo de todos: «World In Motion», el single que New Order grabó como canción oficial de la selección inglesa para el Mundial de fútbol jugado en Italia en 1990. En el mismo, llegaron a participar los mismos jugadores de la selección, como John Barnes, del Liverpool, que se marca unas líneas de rap para la posteridad en dicho tema.

El número uno alcanzado por «World In Motion» en los charts británicos simbolizó el despertar del orgullo *british*, recogido hasta su explosión como vacuna ante la llegada de la invasión grunge. Dicha serie de acontecimientos generaron una vía muerta estancada en el pasado. El trazado de la música británica necesitaba de nuevos enclaves y soluciones. En consecuencia, mientras Madchester agonizaba, emergieron diferentes focos desperdigados: el nacimiento de una generación fracturada, a la sombra de las luces cegadoras de la *britpress*. Definitivamente, el germen que proyectó formas de futurismo autóctono se trasladó a Bristol, la relocalización central de Madchester. Desde allí, Massive Attack abrieron una senda antes desierta. Viejos zorros del postpunk la comenzaron a utilizar para sus propios fines; y más que nadie, Mark Stewart, el antiguo azote que guió a los imprescindibles The Pop Group. Tras una década en las barricadas junto a Adrian Sherwood, su dub industrial bañado en *reverb* encontró el amparo necesa-

The Pop Group,
la banda originaria de Bristol.

rio entre las texturas sincopadas del sonido Bristol. Pastillas y marihuana, el cóctel bristoliano por antonomasia.

Massive Attack se tomaron su tiempo, pero abrieron un agujero en el corazón de los charts. «Unfinished Sympathy» fue el single más rutilante de 1991, uno de los años más brillantes dentro de la evolución del pop. El brío de cuerdas dolidas que delinean el horizonte rítmico es la dualidad que deriva en un sentimiento contradictorio: recogimiento bajo las luces de neón. Mark Stewart reactivó el corazón dub. Bristol era su causa. Portishead, la herida azul de la ciudad. Tricky, el milagro. Bristol, la nueva cuna del art-rock. Y el triángulo formado por Leeds, Madchester y Bristol, el centro de operaciones que vaporizó las lágrimas de nostalgia londinenses.

Los estragos del mandato Thatcher se materializaron en un resurgir de los inadaptados industriales. El dub fue el vehículo de su reconformación. La agonía está remarcada en su latido de marcapasos. Scorn tomaron la onda exasperante de The Pop Group y la fantasmagorización de *Metal Box* (1979), de Public Image Limited, y las malearon en una representación terroríficamente espectral.

El futuro es el pasado que se come el presente. Hay miedo y ansiedad. Una gama de sensaciones grises no aptas para años de recesión económica y la Guerra del Golfo. ¿Vender miedo al populacho? El espíritu postpunk renació bajo formas más instrumentales. La verbalización del malestar de los años setenta quedó subjetivada entre bocanadas de distorsión a contrapié. No ha habido una música más biográfica del verdadero estado de la sociedad británica desde que The Fall clamaban por la revolución norteña en «Hit The North» y Morrissey ruborizaba a millones de parados en «Heaven Knows I'm Miserable Now». ¿Para qué decir más? En aquel momento, tocaba poner música al quejido silencioso, y Papa Sprain, Main y Labradford formaron el triángulo que se encomendó a dicho propósito. El resultado destiló en la música perfecta para no-bailar, el estatismo del movimiento interior.

Entre 1990 y 1992, sellos como Kranky Records y Too Pure estratificaron el ataque más perseverante contra la mitificación del ídolo pop desde posiciones alejadas de la pista de baile. Incluso más que desde Madchester. La reflexión era el fin: el concepto de «músico

Stereolab, un grupo con influencias del krautrock y el pop de los años sesenta.

pop» ya no era el de un ególatra viviendo desde una posición que le superaba. En sus bandas no había ni glamur ni antiglamur, el mismo que los Smiths eran capaces de revertir para sus propios fines. La empatía no podía ser más evidente. La antipostura fue el rotor que dio cuerda a la generación X británica. Las consecuencias derivaron en la emergencia de bandas no-pop que cicatrizaron en un rostro anónimo llamado Stereolab.

A diferencia de esta ramificación, Stereolab también tomaron la senda de la palabra como arma crítica. Al mismo tiempo, los hermanos Gallagher se daban collejas entre ellos y promulgaban a los cuatro vientos que eran la banda más grande del planeta. Fue en esos años cuando también publicaron dos de los discos revivalistas pro Beatles más inspirados de los noventa: *Definetely Maybe* (1993) y *What's The Story Morning Glory* (1994).

Pero, dentro de todo este contexto, ¿cómo se sentía valorado Robert Smith en una era que en Inglaterra estaba dominada por el retorno a los valores de Cool Brittania por medio de las huestes revivalistas del britpop? A dicha pregunta, Smith no podría haber sido más contundente en su respuesta a Sounds: «Muy mal, en realidad. ¡Probablemente peor que en cualquier otro lugar del mundo desde hace mucho mucho tiempo! Lo cual es comprensible, porque siempre ha sido así. Quiero decir, en cuanto a los medios, siempre nos han criticado en Gran Bretaña. Pero, realmente no me molesta. He conocido a suficientes personas que escriben cosas de mierda sobre nosotros para saber que ellos mismos son una mierda, ¿sabes? He dejado de criticar a la gente, a cualquiera que haga algo está bien para mí, aunque no me guste lo que haga. Ya sabes: al menos el acto de hacer algo es mejor que no hacerlo. Pero es extraño, como dije sobre viajar por Estados Unidos, la percepción del grupo allí es diferente de un estado a otro, todos tienen una opinión diferente sobre lo que se supone que debemos ser. Es solo que en Gran Bretaña todo es mucho más rápido y todo está supeditado a la moda del momento, y obviamente no encajamos. Pero nunca lo hicimos. Así que he tenido que vivir muchos años en los que ya estaba pasado de moda. Quiero decir, sé lo que me gusta del grupo y sé por qué me gusta estar en el grupo, así que eso es todo lo que me importa, de verdad. Si alguien más decide que piensa que lo que hacemos no es válido, puede tener su opinión, pero no me van a hacer pensar: "Oh, Dios mío, tienen razón. Me han engañado durante todos estos años... ".

Puedo ver las deficiencias del grupo mucho mejor que nadie. Conozco nuestras debilidades y nuestras fortalezas, pero nunca hemos sido una banda de moda y nunca lo seremos. Es como si la gente dijera que Wild Mood Swings no es un álbum de 1996. Lo mismo da igual que *Disintegration* fuera un álbum de

1989, o *Kiss Me, Kiss Me Kiss Me* fue un álbum de 1987... no existe tal cosa para mí. En cierto modo, es tan mezquino que probablemente por eso no me afecta, porque simplemente ves que lo que está de moda en cierta ciudad de Gran Bretaña no está de moda en Texas o Sidney. Y siempre he percibido el grupo, no de una manera pretenciosa, sino como algo que significa mucho para las personas en cualquier parte del mundo. No es una perspectiva británica: no tienes que estar culturalmente familiarizado con lo que sucede donde yo vivo para entender de qué estamos cantando».

Tras la multitudinaria gira de *Wish* el grupo alcanzó su máximo nivel de popularidad. Todo gracias a su disco más directo, además de ser el más perfilado para conciertos al aire libre, en diferentes estadios que vivieron un estado permanente de *sold out*.

Como llegó a decir el periodista Simon Price, a propósito del libro que publicó en su momento sobre Smith y los suyos: «The Cure es la banda de rock alternativo más grande del planeta, y su magnífico trabajo continúa inspirando a las sucesivas generaciones de músicos y amantes de la música. Me hice fan de The Cure cuando tenía dieciséis años en la década de 1980, y he escrito sobre ellos en numerosas ocasiones a lo largo de mi carrera periodística. Siempre he admirado el camino desafiante e individual que han seguido Robert Smith y sus compañeros de banda, así como sus estándares infaliblemente altos».

Sin embargo, llegar a la cima conllevó un descenso repentino que empezó desde el mismo momento en que pasaron cuatro años hasta la publicación de Wild Mood Swings, su siguiente LP tras Wish.

La realidad es que entre 1994 y 1995, se fue resquebrajando la estructura sólida de banda que habían conseguido para *Disintegration* y *Wish*. Este hecho fue un golpe a la moral de Smith, quien iba a seguir con su desafortunada tradición de anunciar cada sucesivo LP como si fuera el último de la carrera de The Cure. No obstante, a partir de ahora, dichas amenazas iban a ser cada vez más cercanas de ser cumplidas. No en vano, para este trabajo el único miembro estable que le quedó a Smith fue Perry Bamonte. Por lo menos, en esta ocasión, las amenazas de Smith apuntaban a que el próximo disco del grupo iba a ser instrumental.

Debido a esta serie de circunstancias, Smith se enfrentaba a la enésima reinvención del grupo, después de una serie de reveses marcados por lo que Smith recordó en su momento para *Melody Maker*: «Y la composición del grupo realmente no ayudó. Porl [el multiinstrumentista Porl Thompson] es mi cuñado, así que había mucha tensión extraña. ¡Me llevó a discusiones con mi madre, que quería saber qué le había estado haciendo yo exactamente! La salida de Porl y Boris [Williams, el baterista] fue bastante traumática, aunque ya no veía qué podía hacer esa formación.

Así que The Cure se detuvo por un tiempo. Y pensé bien, tal vez eso es todo. Y me fui y pensé que si disfruto haciendo otras cosas, no me molestaré en volver. Simon [Gallup, bajista y miembro con más años de servicio aparte de Smith) estaba en un estado de ánimo similar. Perry [Bamonte, teclados] se quedó esperando para ver si nos molestaríamos en volver.

Principalmente volví por la música. El lado creativo era lo que más echaba de menos y eso era algo que quería recuperar. Antes de eso, el grupo se había vuelto demasiado parecido a un trabajo. Aunque en realidad no debería estar quejándome tanto...».

Las circunstancias de todo esto derivaron en una situación por la cual Smith recordaba al periodista Mark Brown en el anuncio del álbum que «la gran diferencia [con respecto a los álbumes anteriores] es que ahora tengo un lugar para vivir. Había perdido contacto con todos y no trataba con nadie ajeno al círculo de la banda. Literalmente me quedé sin amigos e invertí mi año de descanso en reencontrarme con mi familia, con mis sobrinos y con viejos amigos».

Bajo estas circunstancias es como Smith se enfrentó al décimo LP del grupo, imbuido en pesimismo, que intentó disfrazar mediante un disco que suena como una noria alocada de estilos y sentimientos. Policromatismo carnavalesco para el cual la imagen de eterno adolescente acomplejado no está en consonancia con la materia prima cocinada por Smith durante la grabación. En este sentido, tal como llegó a comentar a *Ultra-sónica* durante la promoción: del mismo «He de confesar que durante el largo proceso de grabación de nuestro disco, en una mansión solariega del sur de Inglaterra, no tenía en mi habitación más que un disco que oía una y otra vez con los cascos: el ruido de las olas. Aunque en los últimos tiempos como grupo nos hemos tragado todo lo que se ponía por delante: desde sonidos de música jungle hasta música griega, ya no montamos las típicas broncas sobre qué debe estar sonando cuando estamos juntos. Yo al menos ya no tengo la necesidad de que todo el mundo tenga que pensar igual que yo».

Wild Mood Swings, décimo álbum de estudio de la banda británica.

Entre *Wish* y *Wild Mood Swings*, el estado de ánimo otoñal que acompañaba a Smith derivó en una situación no deseada: la de un ermitaño encarcelado en su propia habitación de Pee Wee Herrman. Una en la que parece estar a regañadientes, tal como queda reflejado desde la misma portada del álbum, de tono circense.

En lo que finalmente terminó siendo conocido como *Wild Mood Swings*, la esencia oscura y atmosférica de la patente The Cure quedó diluida al mínimo. De hecho, a lo largo de esta misma entrevista, a la pregunta sobre el cliché que pesaba sobre la banda acerca de su halo misterioso, traducido como algo gótico, Smith respondió que «puede ser normal que durante una época nos hayamos tomado en serio ese papel. Pero ha habido muchos cambios. No puedo entender por qué la palabra *gótico* aparece aún en los comentarios sobre el grupo. En los Estados Unidos, todavía nos siguen llamando de esa forma y nos imaginan con el rostro pálido, rodeados de vampiros y cosas así. Pero no tenemos nada que ver con ese rollo. Lo que yo he querido contar siempre han sido los sentimientos ocultos, violentos, difíciles. Pero no historias de vampiros chupando sangre y cementerios en un oscuro atardecer. En su larga andadura, The Cure ha tenido muchas clases de rostros. Pero góticos, no».

El hecho de que Smith, de repente, se encontrara sin su banda habitual de los últimos años, solo y sin freno derivó en un estado alucinado de bipolaridad estilística en un trabajo llevado a cabo entre 1995 y 1996.

La presión de lo que iba a pasar después de alcanzar su mayor éxito como grupo cuajó en un carrusel de canciones que, en definitiva, subrayaron el estado cambiante de Smith durante aquella temporada. En este sentido, no es muy frecuente que en un momento del disco se pase del candor infantil que irradia «Mint Car» a la depresión en vena exhalada en «Gone!».

Fuera del radio de acción de los sentimientos abrigados en ambas canciones, el desprendimiento total abrazado por Smith llega a piezas tan ajenas al ADN The Cure como «The 13th», donde el tropicalismo es la medicina impuesta por el cerebro del grupo.

Pero lo que, en ningún momento, se puede achacar a Smith es su voluntad por intentar ampliar la gama sónica de The Cure. Dicha necesidad queda perfectamente plasmada en decisiones como la necesidad de incluir de una sección de cuerdas en ciertos momentos del disco, con el cuarteto de Audrey Riley como nuevo bloque en la estructura musical del grupo. Tal como lo recuerda el propio Smith para *Sound On Sound*: «Revisé muchos CDs con cuerdas que pensé que sonaban bien; cosas contemporáneas, porque no me apetecía trabajar con músicos estrictamente clásicos. Inicialmente, Audrey Riley no estaba disponible, así que conseguimos otro cuarteto para tocar, pero el problema con los músicos clásicos es que no pueden tocar en tiempo estricto. Bueno, pueden, pero no lo hacen, porque sienten que es degradante. ¡Su afinación también fue horrible!

Por otro lado, Audrey era muy consciente de lo que significa una grabación de pop contemporáneo, si se puede llamar así. Es muy honesta al respecto, y si están tocando algo mal, entonces no tiene miedo de decirlo. Con el otro grupo, tuve que entrar yo mismo y decir: "Mira, ¿no puedes oír que estás desafinando? "».

A pesar del entorno tranquilo y la atmósfera propicia, la mayoría de las voces cantadas por Smith se grabaron en otros lugares. «De alguna manera, no me sentía cómodo cantándolas aquí», comentó Smith para *Sound On Sound*. «Es diferente trabajar en un entorno que no es un estudio. Y como en realidad hemos vivido aquí, y la sala de música no ha sido exclusivamente utilizada para grabar, se ha convertido en un punto focal social: significa que se ha borrado la línea entre hacer el álbum y vivir. Nada de lo que hemos hecho antes ha sido así. Si estás en un entorno condicionado por estar dentro de un estudio, aparte del hecho de que estás pagando mil libras por día, sabes que cuando te vas, llega alguien más, y solo eres parte del proceso de hacer otro álbum. Aquí, nunca se ha hecho antes así, por lo que hay una sensación diferente».

La grabación de *Wild Mood Swings* se vio condicionada por el entorno creado en el caserón en el que se llevó a cabo. Una casa dominada por la visión de una serie de cuadros gigantes de aristócratas pertenecientes al siglo XVII.

«Cuando llegamos aquí por primera vez, la propietaria [Lady Killearn] lo empacó todo, así que nos encontramos frente a una casa vacía, con marcas en las paredes donde habían estado las pinturas anteriormente. La segunda vez que vinimos, sus nietos probablemente le habían dicho quiénes éramos, así que de repente nos tomó del brazo y nos mostró el jardín de rosas. Terminamos empaquetando algunas de sus cosas en cajas porque es muy difícil andar tambaleándose de una habitación a otra buscando jarrones raros. No hemos grabado nada en un estudio no residencial desde hace más de diez años. La última vez fue en Londres alrededor de 1985, donde se grabó el álbum *The Head On The Door*. Desde entonces, siempre hemos utilizado estudios residenciales. Invertimos en una configuración de grabación doméstica muy básica, lo que significa que podemos ir a donde nos plazca.

La diferencia es que no es realmente un estudio. Estamos viviendo juntos en una casa. Justo después de la Navidad de 1994 decidimos que pasaríamos un año juntos como banda. Lo que realmente quería era pasar un año entero dentro de un entorno creativo y hacer otras cosas además de un álbum. Por ejemplo, usamos el tiempo para pensar en un par de horas de música incidental en varios tonos, así que cuando nos encargaron escribir música para bandas sonoras de películas, ya teníamos algo listo. ¡La gente pensaba que éramos una especie de genios espontáneos! También probé la escultura y esas cosas. Lo único que yo pretendía es que tuviéramos un año haciendo cosas que nunca habíamos hecho antes».

Pero la búsqueda de alicientes creativos en la conformación de un entorno inspirador no cuajó como le habría gustado a Smith. Debido a esto, no hay término medio en un disco que, en todo momento, genera sensaciones encontradas, la búsqueda desesperada de una nueva personalidad (una más) en la continua metamorfosis planteada por Smith desde los mismos inicios del grupo. Algo que, de todos modos, él contemplaba desde la nostalgia por tiempos mejores encerrada en «Want», punta de lanza del álbum que Smith contemplaba para *Pop Magazine* como algo supeditado a un hecho central: «Cuando experimentas momentos de gran intensidad, éstos suelen ser tan etéreos e indefinidos que se acaban antes de lo esperado. En cierto sentido, aún busco esos instantes, pero a la vez he empezado a aceptar que muchas veces están llenos de nada y que, tal

como lo digo en "Want", uno no puede vivir otra cosa que no sea el presente. Puede llegar a parecer una letra estéril, pero creo que uno se siente mejor cuando acepta las cosas como son. Hoy en día, soy mucho más feliz que en cualquier otra etapa de mi vida».

En esta última sentencia se cruzan todas las contradicciones reflejadas en esta época de la vida de un creador de mundos, nuestro Morfeo del pop, que para la ocasión se encontró ante una compleja situación que sólo supo atajar desde el autoengaño. Tal es así que, así como quedó inmortalizado en diferentes tabloides de la prensa musical, en 1996, The Cure se encontraba en un callejón sin salida. Tanto que derivó en la publicación en 1997 de un obligado *Greatest Hits* para mantener el pulso de la popularidad labrado en los álbumes previos.

En realidad, *Wild Mood Swing* representó el primer periodo de sequía creativa real de Smith en toda su vida artística. Cuatro años de espera para sacar un nuevo LP que, igualmente, sirvieron para revalorizar toda la producción musical realizada por el grupo anteriormente. En este sentido, tal como llegó a explicar Smith en alguna ocasión para *New Musical Express*: «la buena música; en particular, la que conecta emocionalmente, trasciende muchas de las barreras de edad de la música pop tradicional, y si te gusta más la imagen y el espíritu de la época, por así decirlo, entonces estás mucho más preocupado por ser joven, y con mucha razón, en mi opinión. Cada generación necesita sus propias bandas y sus propios portavoces. No soñaría que lo que yo escribo o lo que tocamos representa a una generación más joven, pero creo que conecta emocionalmente. Espero que lo que tiene The Cure sea algo de una calidad atemporal. Realmente no tiene que ver con la edad que tengamos. Habiendo dicho eso, sí, por supuesto que soy consciente de que envejecemos, y se siente muy extraño porque en mi cabeza no me siento tan viejo como verdaderamente soy. Ciertamente, cuando estoy cantando, hay momentos en los que llego al final de una canción y pienso, "¡Dios mío, ha pasado mucho tiempo desde que escribí esta! "».

Efectivamente, el tiempo comenzó a hacer su labor de erosión con *Wild Mood Swings*. Fue en ese momento cuando la senda discográfica del grupo se desvió hacia parajes desconocidos pero inevitables para un grupo con las características de The Cure, con la acepción pop desligada totalmente con el discurrir de los tiempos y las modas, al menos desde *The Top* en adelante. De repente, el curso de la autonomía creativa consolidada por el grupo entró en un espacio de búsquedas sin brújula, aunque siempre sin perder su personalidad, única. La misma que sirvió como aval para sacar adelante discos como *Wild Mood Swings*, prueba irrefutable que, ante todo, The Cure siempre serán The Cure y nadie jamás podrá rebatir algo tan obvio como relevante.

En 1996 comenzó la cuesta abajo de todo el fenómeno britpop. Sus dos grupos más mediáticos, Oasis y Blur, habían arrasado mediante sus discos más celebrados, con el punto culminante de su batalla del año anterior. Pero en 1996 la plaga de nuevas bandas *fast-food* estaba dejando un rastro cada vez menos inspirado de obras-fotocopia. El britpop se estaba suicidando.

Ya en 1997, Radiohead alcanzó el número tres de ventas de singles con la publicación de «Paranoid Android», un single con tendencias progresivas de más de seis minutos de duración. El panorama estaba cambiando. Escocia volvía a alzarse. La heterogeneidad de su escena empezó a calar. Belle & Sebastian se dedicaban a recrear a los Smiths en primera persona, The Delgados aumentaban el crisol de la influencia del pop americano de los años

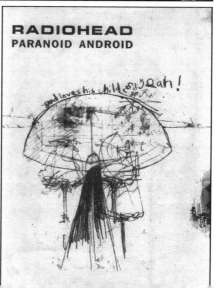

sesenta y Arab Strap invocaban la religión del anti-hit confesional como mejor forma de alcanzar reconocimiento. El vació dejado por Pulp, Blur y Oasis en 1996 fue muy grande. Pero lo peor fueron los retornos de estos dos últimos en 1997… A esas alturas, Tony Blair había renegado del britpop. Cool Brittania ya no daba más de sí. El britpop agonizaba de forma alarmante. El optimismo de fin de siglo tornó en el *agnst* del premilenio. A raíz de este nuevo contexto, Radiohead se convirtieron en los nuevos portavoces de la juventud británica y *OK Computer* (1997) en la deprimente, y tremendamente inspirada, banda sonora de fin de siglo.

La estela de optimismo en cartón piedra sembrada en el britpop se estaba resquebrajando, mientras tanto, Suede le decían adiós con gran dignidad a través de *Coming Up* (1996). Este trabajo destila las virtudes del revival cimentado durante aquellos años mediante un giro hacia el pop, más exuberante y vital que sus dos antecesores ya desde la portada, alejada del erotismo que desprenden las cubiertas de *Suede* (1993) y *Dog Man Star* (1994), diseñada por Peter Saville, colaborador habitual de Joy Division y New Order. Sin embargo, y aunque de forma más optimista, Brett Anderson no rehúye a los tópicos en temas como «Trash» o «The Beautiful Ones», que alcanzan dimensiones casi de himno. En la primera se reencuentra con el espíritu callejero, bohemio y de enfrentamiento constante con el mundo exterior, mientras que la segunda es un canto a la belleza adolescente en los ambientes más oscuros. «Lazy», por su parte, es un canto a la pereza, mientras que «Picnic In a Motorway», deudora del «Perfect Day» de Lou Reed, reencuentra a los londinenses con la decadencia urbana.

El 10 de noviembre de 1997, el Britpop ya está pegando sus últimos coletazos. Radiohead ya son definitivamente los nuevos reyes. Evaporado por combustión espontánea, el renacido Swinging London ha sido reemplazado por unos nuevos advenedizos de la cultura americana. Radiohead prefieren mirar a Jeff Buckley y, en último caso, a la épica sin techo de U2. OK Computer ha hundido en las sombras a los nuevos, y prescindibles, discos de Blur y Oasis. Los primeros acabaron por sucumbir al influjo del indie norteamericano y su intento de convertirse, literalmente, en los Pavement británicos. Graham Coxon se escudaba diciendo que estaba pasando por una crisis de identidad con el pop, y que ahora toca «asustar a la gente». Y vaya si lo consiguieron.

En un plazo muy corto de tiempo, toda la euforia que se respiraba a través del britpop se esfumó como un globo que explota, sin más. La altivez anglocentrista se desplomó, y todo se tradujo en una nueva realidad. La prensa musical estaba cambiando o, por decirlo de otra manera, muriéndose. La historia que más comúnmente se escucha es que se convirtió en una víctima del *éxito re-*

pentino del britpop: así como las bandas que cubrían llegaron tan arriba, éstas podían ser seguidas en los diarios y en la televisión, llegando a la situación de no haber la necesidad real de que existiera un periódico semanal de música. Todo esto sugiere que lo único que, en primer lugar, se buscaba en un periódico musical era el tipo de cobertura que también iban a encontrar en los diarios o en la televisión. Eso es una tontería total. Por un lado, las ventas subieron tanto como lo hizo el britpop. La gente equivocada parecía creérselo, y los periódicos cambiaron de tono.

Mientras el mundo pop británico giraba en círculos concéntricos, The Cure prorrogaban su particular escalera de caracol hacia las entrañas de su imaginario particular. El resto del mundo no iba a su misma velocidad, ni siquiera vivían en el mismo plano de realidad. Como si de unos personajes salidos de una película de Tim Burton se tratara, The Cure proseguían con su día a día. En su caso, marcado por el varapalo artístico ocasionado por la publicación de *Wild Mood Swings*.

La jugada posterior al primer lunar en toda su discografía llegó en forma de paralelismo con lo sucedido entre *Kiss Me, Kiss Me, Kiss Me* y *Disintegration*, aunque el par de trabajos que entran en este paralelismo estén en una o varias ligas inferiores. Al igual que ocurrió en aquella ocasión, el trabajo que certificaba las dos décadas de vida del grupo iba ser, según las palabras de Smith, el último disco de la banda. Una vez más, la amenaza sobrevolaba en el ambiente. De hecho, durante la presentación del que finalmente fue titulado *como Bloodflowers*, el líder del grupo llegó a reconocer para *Mondosonoro* que «cuando estábamos haciendo *Bloodflowers* en 1999, les decía a todos los que me rodeaban, una y otra vez, que aquello era lo último que yo iba a hacer con The Cure en un estudio. Y por una razón: porque ese era el último trabajo que teníamos entre manos por aquel entonces. Hemos estado con la misma compañía durante más de veinte años y eso se iba a terminar. Yo tenía en mente hacer otra cosa, hacer una película, que era algo así como completar mi proyecto con The Cure. Así que yo estaba decidido a terminar porque siempre me había prometido a mí mismo que llegaría a los cuarenta y empezaría a hacer algo diferente. Eso era lo que lo que yo me proponía. Y todo marchaba según lo previsto, excepto por una cosa, que yo no quería que terminara. Esa era la pega de mi plan. No había tenido en cuenta cómo me sentiría. De modo que hicimos la trilogía de películas para los tres discos, que se editaron un par de años después e hicimos *The Greatest Hits* en ese mismo período también. Así que siempre ha estado ocurriendo algo. Y yo seguía tratando con la misma compañía discográfica, el mismo sello y la misma gente porque Universal remasterizó o intentó remasterizar el *back catalogue* y volver a publicarlo y yo estaba muy implicado con ello –y lo sigo estando–. Había además una caja de cuatro CDs que recopilar y un booklet de setenta páginas que escribir. Y así, permanecía en constante trabajo con material de The Cure.

Yo estaba inmerso en otros proyectos con otra gente. Hice varias colaboraciones en ese período. Estaba preparándome para introducirme en un nuevo mundo. Pero nunca lo hice del todo. Estaba demasiado imbuido por el mundo de The Cure. No sé, me gusta (risas). No sé. Creo que es la presión de fuera. La gente que me dice cosas como, tienes cuarenta y cinco años y ¿sigues haciendo esto?, y pienso, sí, todavía me gusta seguir haciéndolo. A veces creo que me pasa algo, sabes, que debería estar haciendo algo más adulto. Pero honestamente no creo que haya algo que pudiera hacer que no sea esto. Así que sigo haciéndolo, imagino que demuestra una falta de imaginación o que significa simplemente que me encuentro muy pero que muy feliz con mi trabajo, ¿no? o ambas cosas a la vez».

Smith sabía que, en cierta manera, *Bloodflowers* tenía que ser un disco de reconciliación con su público. Lo que no podía saber era que iba a necesitar el compromiso del resto del grupo, conformado para la ocasión por Simon Gallup, Perry Bamonte, Roger O'Donnell y Jason Cooper a la batería. La consigna que les dio se basó en crear un gólem sónico que cerrara una trilogía imaginaria con nada menos que *Pornography* y *Disintegration*.

«Si queréis ser la mejor formación que ha tenido The Cure, tenéis que lograr un álbum que tenga este impacto emocional». Estas fueron las palabras motivadoras de Smith, que conllevaron a la resurrección de The Cure como grupo, lo cual quedó perfectamente atestiguado en la gira que ofrecieron para *Bloodflowers*, con dos fechas, en el Tempodron de Berlín, el 11 y 12 de noviembre, en las que interpretaron los tres discos de marras de pe a pa.

Lógicamente, el pilar más frágil de dichas actuaciones fue el perteneciente a *Bloodflowers*: trabajo que, ante todo, suena forzado por la necesidad de Smith a la hora de pretender edificar una música a la altura de los dos discos señalados como parte de la trilogía. Aun así, no deja de ser meritorio el resultado final de un trabajo, ante todo, honesto con la esencia del grupo, del cual, salvo alguna muestra específica, no tuvo singles, aunque sí un ramillete de canciones que ejemplifican la metodología de Smith a la hora de cantar. Una de ellas es «Where The Birds Always Sing», probablemente la canción menos satisfactoria del disco. En cuanto a este tema, según Smith en una entrevista para *Mondosonoro*, «desde un punto de vista lírico, creo que es una de las mejores canciones que he escrito nunca, pero como canción, creo que es la peor del disco. A menudo si lo intentas y cantas letras que contienen un gran significado y conllevan mucho peso, no consigues transmitir lo que deseas. A veces tienes que sacrificar una cierta cantidad de significado para ganar peso poéticamente. Ya sé, suena como… Es verdad no puedes cantar ciertas letras. Y por eso, es como si mi vocabulario como cantante estuviera limitado a las palabras con las que me siento más cómodo al cantar y, desde luego, puedo transmitir mucho más cantando esas palabras que me hacen sentir más cómodo, que si tuviera que cantar un torrente de otras palabras diferentes con las que no me siento igual de cómodo».

Aparte de las limitaciones que sentía Smith por momentos para casar melodía y letra, *Bloodflowers* fue la excusa ideal para gestar el «Dream Tour», dos años seguidos de gira en los que apenas interpretaron las canciones pertenecientes a su lado más pop. No, aquellos conciertos se hicieron míticos por largas sesiones de oscuridad en directo, en los que podemos poner como borrador previo *Paris*, uno de los dos discos en directo, junto a *Show*, como resultado del «Wish Tour», que publicaron en 1993, donde el esqueleto de la actuación pertenece a canciones extraídas de su trilogía original, aunque para este la influencia de *Disintegration* fue básica para poder conformar el sustrato etimológico de lo que es recordado como una de las giras más vibrantes del grupo, con con-

Dream Tour, la gira de dos años en la que apenas interpretaron su lado más pop.

ciertos maratonianos en los que no hubo concesiones con nada que se saliera de la sombría y densa ecuación emocional planteada para dicha ocasión.

El resultado final fue la gira más recordada del grupo de entre todas las que llevaron a cabo en el siglo veintiuno. Dicha realidad fue suficiente aval como para borrar la tibia acogida que tuvo *Bloodflowers* por parte de la prensa, que básicamente aplaudió el retorno al redil estilístico más reconocible del grupo, pero por otro lado dejó bien claro que cualquier tipo de comparación con sus obras de la trilogía siniestra real y *Disintegration* era pasarse tres pueblos.

Con todo, The Cure volvió a recuperar la credibilidad, puesta en duda durante los años correspondientes a la publicación y posterior gira de su anterior álbum. Un hecho que, ante todo, asfaltó el camino de Smith y los suyos hacia una etapa que llega hasta el día de hoy, en la que un grupo se dedica a tirar de fondo de armario lo más dignamente posible. Algo así es lo que ha hecho New Order, desde la publicación de *Get Ready* (2001) en adelante, aunque con resultados más pobres de lo que Smith y los suyos aún estaban por ofrecer. Sin embargo, la publicación de *Bloodflowers* también subrayó la filiación insobornable de unos fans que, con el paso de los años, fueron creciendo en vez de menguar. Una realidad que, en su caso, refuerza la sensación de lo explicado en la introducción de este ensayo: hablar de The Cure como un estado mental y no como un simple grupo al uso.

THE CURE EN EL NUEVO MILENIO

Si entre 1976 y 1991 Manchester fue el ejemplo más representativo de una escena pop forjándose al margen de las redes principales de la industria musical, en la era internet, habría que hablar del grime como paralelismo reflejo, aunque con sus consiguientes diferencias. La primera, su origen: Londres. Sus raíces surgen cuando, entre 2002 y 2005, el orgullo londinense fue vacunado con grime. La tensión premilenio había tornado en paranoia postmilenio. Radiohead unieron estos dos extremos con *Kid A* (2000) y *Amnesiac* (2001), pero el campo de batalla se encontraba en otro terreno. El *happy London* de los años noventa vivió una reeducación musical severa que muchos acuñaron como la versión *british* del hip hop. Pero lo que en realidad se estaba gestando era su hermano bastardo. El grime nació desde los pulmones encharcados de la ciudad. Desde las zonas con mayor acento africano y caribeño se forjó una conciencia delimitada por una realidad: ser los más desfavorecidos por las políticas neoliberalistas de Tony Blair. De esta manera, entre el East London Boroughs de Newham y Tower Hamlets se fue fraguando la comunidad de «los hijos bastardos de Blair».

Al mismo tiempo que el universo de las rimas tomaba impulso renovado, la realidad del hip hop como nuevo pop comenzaba a tomar visos de realidad a través del trabajo realizado por formaciones como Outkast, que con *Stankonia*

El dúo de southern rap estadounidense Outkast.

(2000) abrieron las puertas del mercado al igual que lo había hecho Prince en los ochenta. Y lo hicieron gracias a su reinvención del funk como artilugio pop configurado de múltiples caras. El dúo conformado por Big Boi y Andre 2000, con la inestimable ayuda de Timbalad y Missy Elliot, fueron quienes abrieron la senda, luego transitada por Kanye West, Jay Z y compañía.

Los gustos musicales estaban tomando nuevos sabores, al mismo tiempo que la idea del revival como motor creativo aceptado por la crítica daba lugar a inventos como el neopostpunk, dentro del cual los tres grupos referenciales fueron Talking Heads, Joy Division y The Cure. Formaciones como Editors, Interpol o Radio 4 ratificaron el retorno a los años en los que, tal como enunció el reputado periodista británico Simon Reynolds en su momento, se rompió con todo y se empezó de nuevo.

Artic Monkeys, una de las bandas de rock indie más exitosas de la historia.

Dentro de las diferentes mutaciones surgidas de esta plantilla, brotaron nuevos ídolos para la audiencia británica, como Bloc Party y Artic Monkeys. El mapa musical estaba cobrando visos de globalización con grupos norteamericanos que sonaban a ingleses e ingleses que sonaban a escoceses, y viceversa. El sabor genuino desprendido por los grupos de Manchester ya no contaba con el patentado de origen. Incluso, lo más parecido a la dopamina madchesteriana fue una formación de Brooklyn, conocida como LCD Soundsystem. Una cuyo menú de influencias estaba copado por grupos como New Order y The Fall.

El mapa estaba perdiendo sus trazos geográficos, al mismo tiempo que los nuevos reyes del cotarro, procedentes de Norteamérica, eran formaciones de halo setentero, como The White Stripes y The Strokes, aunque las que se convirtieron en descaradamente masivas fueron las propuestas personalizadas en formaciones como las de los canadienses The Arcade Fire y los británicos Coldplay.

LCD Soundsystem.

Dentro de este continuo revuelo en las tomas de posesión en el mundo pop, Radiohead fueron quienes se seguían manteniendo como portavoces del *agnst* predominante, a través del que dieron pleno significado a su vigencia en el tiempo. Los verdaderos profetas de la tensión premilenio, fueron también el ejemplo más representativo del fin de la fiesta. Adiós a la diversión y el colorido de la gramática pop y a celebraciones de la misma como The Smiths y los propios The Cure. De repente, la perspectiva del grupo de Robert Smith estaba más cercana a los denominados grupos dinosaurio de los setenta como Led Zeppelin o Pink Floyd que a las bandas de su generación.

De este modo, The Cure proseguían su particular día de la marmota ajenos al ritmo de las corrientes musicales, las modas imperantes y los diferentes contextos musicales que los rodeaban.

Después de haber redirigido su trayectoria hacia la oscuridad *con Blood-flowers*, los siguientes años en la carrera del grupo fueron una constante reevaluación de sus logros previos, con la pertinente transformación a la vista que siempre supone un nuevo acto discográfico del grupo. En este sentido, el giro estaba marcado desde la misma elección de Ross Robinson como productor para acompañarlos en su nueva aventura. Quien fue aliado de grupos nu metal como Korn iba a convertirse en el nuevo

Korn, los pioneros del nu metal.

guía de The Cure tras las mesas de grabación. La entrada de Robinson en la ecuación creativa del grupo supuso una gran motivación para Smith.

El nombre de Ross Robinson captó la atención de Smith por primera vez justo después del lanzamiento de *Bloodflowers*. El líder de The Cure conocía vagamente su nombre porque había comprado el primer álbum de Korn, de modo que había visto su nombre escrito en el disco, pero nada más. No sabía realmente de quién se trataba.

Después de leer un artículo sobre él, vio cómo trabajaba y lo que decía le gustó. A la hora de sentarse tras la mesa de sonido, Robinson sentía un enorme placer al romper la voluntad de la gente y luego, destruir sus vidas. Se parecía a algo así como el sonido final. Tras leer la entrevista a Robinson, Smith pensó que ese era el hombre que necesitaba, alguien así de loco y obsesionado por la música. Y no se lo pensó mucho. Luego leyó una lista de lo que él consideraba sus mejores trabajos. Y pensó en escucharlos con el fin de ver si le encajaba con lo que él había dicho.

Al final de dicha entrevista, a Robinson le preguntaban qué es lo que más le gustaría hacer dentro de su carrera profesional. Su respuesta no dejó lugar a la duda: producir un disco de The Cure. Dicho y hecho. Smith se lo pensó bien durante un tiempo, pero acabó llamando al productor de moda del rock alternativo. Un día después de la llamada, Robinson ya estaba con Smith, preparado para lanzarse a la nueva aventura que el líder de The Cure estaba armando en su cabeza.

El asunto se puso serio. Luego, fue a verlos tocar, y se tomaron un tiempo para conocerse el uno al otro e ir contabilizando el número de prejuicios proveniente de cada uno en ambos extremos. Porque, claramente, los había.

Desde que grabaron *Three Imaginary Boys*, The Cure no trabajaban con un productor que no fuera más que un apoyo para las ideas que Smith iba desgranando en su cabeza. La voz del grupo se dio cuenta de que estaba muy pero que muy desacostumbrado a cualquier tipo de control externo. No veía por qué debería confiar en alguien que no conocía, era algo impensable. Así que tuvo que pasar un período de tiempo asegurándose de que Ross entendía lo que él quería. Tenía que ser así si iban a hacer un álbum juntos. Uno con el que ambos se sintieran contentos, y también la banda, aunque, como ya veremos, los problemas surgieron por parte de Gallup.

Al cabo de un mes, The Cure ya estaban grabando demos. Durante una semana, se pusieron a trabajar en más de cien ideas distintas. Cuando acabaron tenían nada menos que treinta y siete canciones casi listas, las cuales grabaron en un pequeño estudio. Las ideas que surgieron en estos primeros esbozos no cambiaron mucho hasta su forma final. Más tarde, se fueron durante dos semanas con Ross a Londres, donde tocaron las treinta y siete canciones que habían preparado. De todas estas, la selección final quedó en veinte. Ahí fue donde comenzó el proceso de escribir letras por parte de Smith con el fin de poder cuadrarlas en las canciones destinadas a pasar el corte final, antes de decidir el cuerpo del disco. A principios de febrero de 2004, empezaron a grabar el disco definitivo durante seis semanas. Lo hicieron en directo, con todo el grupo tocando en una única sala. Como llegó a declarar en alguna ocasión Smith, hacerlo de esta forma fue una experiencia fantástica para toda la banda.

Así que fue un proceso largo. Desde que todos se conocieron hasta que se metieron en el estudio pasaron dieciocho meses. Tanto tiempo de preparación frustró enormemente a Robinson. No en vano, él estaba acostumbrado a trabajar con bandas en su primer o segundo álbum y, a partir de ahí, lo que tocaba era seguir siempre su criterio. Tal como lo recuerda Smith para *Mondosonoro*: «Creo que Ross aprendió una lección (risas). Aprendió a tener paciencia. Además, entró en el estudio, en lo que era el proyecto, con una forma de pensar ligeramente diferente a la que había tenido jamás, porque es casi diez años más joven que yo y se puede decir que ha crecido escuchando a The Cure, así que tenía que diferir en alguna forma. Él tenía que saber que yo sabía lo que hacía. Aunque no llegué tan lejos como suelo hacer cuando estoy en el estudio para poder darle espacio para que él hiciera lo que hace. Así que nos encontramos en un punto intermedio. Y a medida que el álbum progresaba empezamos a desarrollar un modo de trabajo, una metodología que parecía gustarnos a ambos y también a la banda. Pero fue una experiencia extraña porque por un lado fue lo más difícil que he hecho en un estudio. Fue la experiencia más cruda, emotiva e intensa que he sentido jamás en el estudio. Y por otra parte, fue la más entretenida. O sea, me puse más triste al dejar por fin el estudio de lo que había estado jamás. Normalmente cuando dejo el estudio me siento exhausto, dubitativo sobre lo que acabamos de hacer, como arrepentido. Pero nunca me he sentido literalmente triste y ese día lo estaba. Me sentía como si todo hubiera sido demasiado rápido. Fueron como seis semanas verdaderamente intensas. Me quedé en Londres, en una habitación de hotel solo, igual que hizo Ross, porque pensé que si él estaba preparado para hacerlo y dejarlo todo, su familia y sus amigos, yo también debía hacer lo mismo. De modo que en esencia el mundo entero se reducía a una habitación de hotel y al estudio. Fueron seis semanas verdaderamente extrañas, muy poco saludables en ciertos aspectos, pero intensas, como un período de mi vida en el que empezamos un día con nada y terminamos al final de seis semanas con un disco que creo que es lo mejor y lo más apasionado que hemos hecho jamás.

Bueno, él quiere hacer otro disco tan pronto como sea posible, y yo también, pero no estoy seguro de que podamos recrearlo. Pienso que ninguno de nosotros estaba preparado para pasar por lo que él quería que hiciéramos al hacer este disco. Así que creo que si pudimos entonces, podremos hacerlo de nuevo. Todos estaríamos más a la defensiva y todo sería más dinámico. No en vano, ya conocemos sus trucos. Pero él manipula a la gente de una forma muy inteligente en el estudio, sin que ellos se den cuenta. De hecho, ahí estaba yo en acción observando el trabajo de Ross, (risas), aunque él lo hace de una forma mucho más benigna que yo, él aguanta mucho más que yo. Yo empiezo a gritarle a la gente mucho antes de lo que lo hace él. Y además él es conocido por ser un maestro incansable. Pero creo que debe de trabajar con gente a la que no le gusta trabajar mucho, básicamente porque eso es lo que quiere conseguir de la gente. Quiere que lo des todo y nada más. Es así de sencillo. Además, no necesita dormir mucho, yo tampoco lo necesito cuando estoy en el estudio. Tiendo a no necesitar dormir mucho. Me resultó un tiempo de lo más alegre, si bien odiaría irme de vacaciones con Ross. (Risas)».

En efecto, la entrada de Robinson en el redil llegó a tal punto de intensidad de que hizo aflorar el lado más violento de Gallup, que llegó a jurar que, al principio, le quiso romper los dientes. Quizá tal grado de implicación fue la medicina necesaria para contrarrestar la pérdida de genio sufrida tras la publicación de *Wish*. No obstante, lo que sí transmiten The Cure en lo que finalmente se tituló como *The Cure* es la obstinación por asumir esta nueva etapa de autoplagio; con novedades, claro. Así lo expresaba el propio Smith, que explicaba para *New Musical Express* cómo «me he centrado en los mismos temas universales del paso del tiempo, el amor perdido. No sé, la propia conciencia. ¿Qué otras cosas hay? La verdad, la bondad y la belleza; eso es algo nuevo que ha surgido. Leí un libro de un escritor, era un filósofo llamado Thomas Nagle, un filósofo moderno. El libro se titula *The View From Nowhere*, un título que pensaba robar. Ese iba a ser el nombre de este disco porque creo que es un título fantástico. Pero supongo que el hecho de que ya se haya utilizado para su libro significa que el escritor sabe que es un título fantástico.

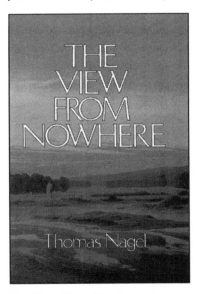

The View From Nowhere, de Thomas Nagel.

Aparte de eso, la idea planteada en *The View From Nowhere* era el concepto de salir de ti mismo. Y para hacerlo tenías que reconocer en primer lugar quién eres tú. Es un libro corto pero intenso, y desde luego me cautivó. Fue la inspiración bajo la cual cantamos en el disco. Realmente quería que las letras del disco consiguieran que fuera un disco con peso. Realmente, intenté introducir estos grandes temas dentro de canciones muy pequeñas y concisas, pero fallé la mayoría de las veces. Hay sólo una o dos que lo consiguen. Tenía grandes planes para el contenido lírico del disco y espero que parte de esa profundidad que quería transmitir haya permanecido intacta. Pero la mayoría se ha cortado, sabes. Además, me prometí a mí mismo que no intentaría rimar todo, porque volviendo a mirar todo lo que he hecho hasta ahora, me doy cuenta que he rimado todo excepto en el disco *Pornography*. Pensé que sería realmente interesante comprobar si no me inhibo a mí mismo y no me preocupa la métrica y las rimas. Acabé teniendo trozos de canciones, sabes, así que tuve que desechar la idea. Al final me incliné por una forma más convencional de escribir las canciones, lo cual, espero, conlleva una carga emocional extra. Y creo que la parte más importante del proceso es cuando cantaba las canciones porque, por primera vez, tenía las canciones escritas antes de grabarlas. O sea, normalmente escribo las canciones después de haberlas grabado. Escribo la letra después de grabar la música, o les doy forma y me preocupo de cómo lo voy a hacer. Y luego o bien lo volvemos a grabar para que quede bien, o bien lo cortamos».

En los viejos tiempos, Smith era mucho más libre en este sentido. Pero Ross fue muy insistente para que él cantara en directo. Él quería que la batería y el bajo siguieran la señal de su voz. Para poder seguir dicha metodología a rajatabla, Smith se puso a escribir cada día. Así fue durante un mes, del cual salió el germen de veinte canciones. Sin embargo, dicho procedimiento es algo de lo que Smith nunca esuvo seguro de poder volver a hacer para su próximo disco. Tal como lo recuerda el propio Smith: «Sin embargo, desde el mismo momento en el que entraba en el estudio, podía cantar nada más empezar, cuando ya nos arrancábamos a tocar. Desde el mismo instante, yo empezaba a pensar en cómo podría transmitir la esencia de la canción. Así que la canción entera estaba basada en la letra. Lo cual queda claro al escucharlas. Las canciones son más coherentes que en cualquiera de nuestros trabajos anteriores.

Lejos de devenir en virtud, dicha rectitud compositiva es algo que acabó por hacer que el sonido de la banda fuera algo más previsible, sin ese punto de locura sana que proyectan sus anteriores LPs.

La alta estima con la que Smith valora este LP llegó al punto de querer buscar el álbum definitivo. Dicha ambición se plasmó en titular el álbum como *The Cure*.

En algún momento de su carrera, Smith llegó a reconocer que en la mayoría de los primeros trabajos de The Cure los títulos de sus canciones fueron tomados prestados. Un buen ejemplo es Seventeen Seconds.

El primer título que Smith estuvo barajando para este LP del grupo fue Good Dream, Bad Dream. En realidad, Smith quería hacer un álbum doble, uno que reflejara su parte más ligera y otro enfocado en su parte más oscura. Pero Ross le convenció de que si compaginaban ambas partes, probablemente, el resultado sería mejor y le llegaría más a la gente porque se sentirían más intrigados. Ross quería hacer el álbum definitivo de The Cure. A lo cual, Smith le respondió: "si lo haces, tienes que llamarlo *The Cure*." Ese fue realmente el motivo de que el título del disco fuera finalmente el nombre del grupo.

Durante las sesiones de grabación. Smith se pasaba todo el tiempo pensando en que el álbum se iba a llamar *The Cure*. Luego, llegó el momento de buscar título para las canciones del disco. Smith tiene un viejo libro, un manuscrito, en el que escribe todos los títulos. Cuando se le ocurre una palabra o una frase y cree que puede ser un buen título, la anota. Luego lo consulta, pero normalmente no hay nada que le sirva, finalmente.

Pero donde seguramente queda más definido la idiosincrasia modelada para este álbum, también como reflejo de lo que fueron The Cure hasta aquel momento, reside en la poderosa conexión infantil onírica desplegada desde la portada del LP. No en vano, el diseño de la cubierta lo hicieron los sobrinos y sobrinas de Smith, a los cuales se lo pidió él directamente. En este sentido, les sugirió que hicieran algunos dibujos para la portada del disco. En la mitad de ellos no tenía ni idea de lo que les estaban hablando. Básicamente, eran niños que no sabían lo que les estaba intentando transmitir Robert Smith. Sin embargo, en la otra mitad de los dibujos que le hicieron, Smith se preguntó cuánto les iba a pagar.

Mientras estaban grabando el disco, la cabeza visible del grupo recibió un montón de sobres con dibujos dentro y los fue pegando en las paredes del estudio para que decidieran entre todos. Smith no tenía ni idea lo que les iba a parecer, pero los personajes que dibujaron y los pequeños mundos en los que habitan en sus sueños conformaron una conexión de gran fuerza con la zona más surreal del grupo. Al igual que todos los dibujos infantiles, siempre brota un enorme sentido de la inmediatez. Tal como llegó a expresar Smith en Mondosonoro: "Es imposible que a alguien no le gusten los dibujos de los niños, incluso aunque no conozcas al niño que los ha hecho".

Inevitablemente te provocan algo porque todos lo hemos hecho también cuando éramos niños. Todos hemos hecho dibujos de ese tipo, todos hemos pintado un cielo como una línea azul, todos hemos pintado la hierba como una línea verde, y todos hemos dibujado manos como un círculo con cinco palos. Provoca algo en nosotros que es por lo que yo me sentí tan bien, esa inmediatez fue lo que me cautivó.

Y desechamos todas las otras ideas que tuvimos mientras estábamos en el estudio, algunas de ellas verdaderamente buenas, porque todos nos habíamos imaginado ya algo, debido a que yo les había dicho que iba a ser un álbum duro. Nos mandaron muchos trabajos de diseño para la portada del disco. Eran cosas realmente dantescas, muy oscuras. Pero no tenía la suficiente resonancia, no nos hacía sentir nada. Y yo pensaba que los personajes que habían dibujado los niños tenían una ventaja, estar colgados en la pared. Porque estuvimos viviendo con ellos durante mucho tiempo. Creo que tan pronto como los pusimos en la pared, iban a tener su sitio dentro del álbum, ¿sabes? Ese era el diseño del disco. No había manera de hacerme cambiar de opinión.

Creo que es bueno, creo que tiene buen aspecto. No se parece a nada de lo que hemos hecho hasta ahora. Quiero decir, que tiene ligeramente una reminiscencia de un par de portadas de nuestros discos. Pero, no sé, en los días de los vinilos de doce pulgadas, el diseño era enormemente importante. Pensabas, "Uh, esta portada es excelente". Ahora, creo que tiene menos importancia que antes, lo cual es una pena. No en vano, los Cds no producen un impacto igual. Son objetos pequeños, ¿sabes? Aunque nosotros vamos a lanzar este álbum también en doble vinilo. Así que habrá un excelente trabajo de diseño».

La recepción que tuvo *The Cure* por parte de crítica y público fue variada. Si hay una pauta consensual en todo lo escrito sobre el disco es un hecho básico: lo que pocos pasaron por alto fue el peso de Robinson en la producción, quien empujó al grupo hacia terrenos en los que se embarraban con la huella de grupos alternativos, producidos por el propio Robinson, a los cuales, precisamente, The Cure había dejado su influjo en algún momento de sus trayectorias.

Como ya empezaba a ser habitual, lo mejor de la publicación del nuevo LP del grupo iba a ser la gira correspondiente, y así fue, con nuevas demostraciones en vivo que se repitieron en los años posteriores de la década y la siguiente, con momentos para el recuerdo como la celebración del veinticinco aniversario de *Kiss Me, Kiss Me, Kiss Me* en conciertos como el ofrecido en el Primavera Sound de 2012, en el que dieron buena cuenta de su aventura pop más quijotesca de los años ochenta, en conciertos que podían llegar a las cuatro horas de duración.

Años antes de celebraciones de este calado, Smith y los suyos entregaron en 2008 el que, de momento, es el último LP publicado por el grupo. *4:13 Dream*, fue el título del mismo y con el mismo abogaron por llevar a cabo un trabajo continuista, aunque con matices. De nuevo, cuatro años, de espera, tal como venían marcando sus cánones de comportamiento tras la publicación de *Wish*. La vida seguía en la casa de The Cure de forma placentera, dentro de una situación de reconocimiento cada vez mayor, por la cual la necesidad de un nuevo disco del grupo cada vez despierta menos interés. De hecho, en el momento en el que estás líneas están siendo escritas, seguimos a la espera de la publicación de *Songs Of A Lost World*. En teoría, el último álbum del grupo, que lleva años posponiéndose. Y sobre lo cual Smith comentaba una década después de la publicación de *4:13 Dream* para *Pitchork* que «ha pasado una década desde el último álbum de Cure, *4:13 Dream*. Prácticamente, no he escrito nada desde entonces», dice Smith con tristeza. «Creo que hay tantas veces en las que puedes cantar ciertas emociones. He intentado escribir canciones sobre algo diferente a cómo me sentía, pero son secas, intelectuales y ese no soy yo». Smith cita con nostalgia una línea de «The Last Day of Summer» de The Cure: «Solía ser tan fácil». ¿Estaría decepcionado si nunca hiciera otro álbum? «Lo haría ahora, sí. Porque me he comprometido a ir al estudio y crear canciones para la banda, lo cual no he hecho en diez años. [El concierto de] Meltdown me ha inspirado a hacer algo nuevo porque estoy escuchando bandas nuevas. Estoy entusiasmado por su entusiasmo. Entonces, si no funciona, estaré bastante molesto, porque significará que las canciones no son lo suficientemente buenas».

Por el camino, han sucedido cosas que refuerzan la asimilación como algo normal de la huella dejada por The Cure en la cultura universal, ya sea a través de su música o de la patente visual instaurada por la icónica imagen de Robert Smith. Colaboraciones de este último con Damon Albarn en Gorillaz también demostraron que, hasta entre las figuras que dieron lustre al britpop, The Cure fueron finalmente aceptados, o siempre lo fueron, aunque en modo secreto. Tampoco debe pasar desapercibida la inducción del grupo en el Rock & Roll Hall Of Fame, en 2018.

Detalles como los señalados subrayan una realidad por encima del bien y del mal por parte de un grupo que, más de cuatro décadas después de su for-

mación, se ha instalado en el subconsciente popular como una de las manifestaciones artísticas más originales de nuestro tiempo, una por la cual Smith y
los suyos han llegado al punto que alcanzan grupos como The Rolling Stones y
todos aquellos músicos a los que Smith admiraba gracias a los discos que podía
escuchar de su hermano mayor: cuando ya no tienes que rendir cuentas con nadie, cuando hasta los errores y momentos más bajos de tu carrera se convierten
en anécdotas que amplifican el peso de tus mayores logros. Estos son los The
Cure de nuestro tiempo, unos que ya no se rigen por las reglas de la física y la
lógica, sino por las que otorgan el rango divino a un acto artístico, tan hermoso
en sus puntos más álgidos como en sus surrealistas imperfecciones.

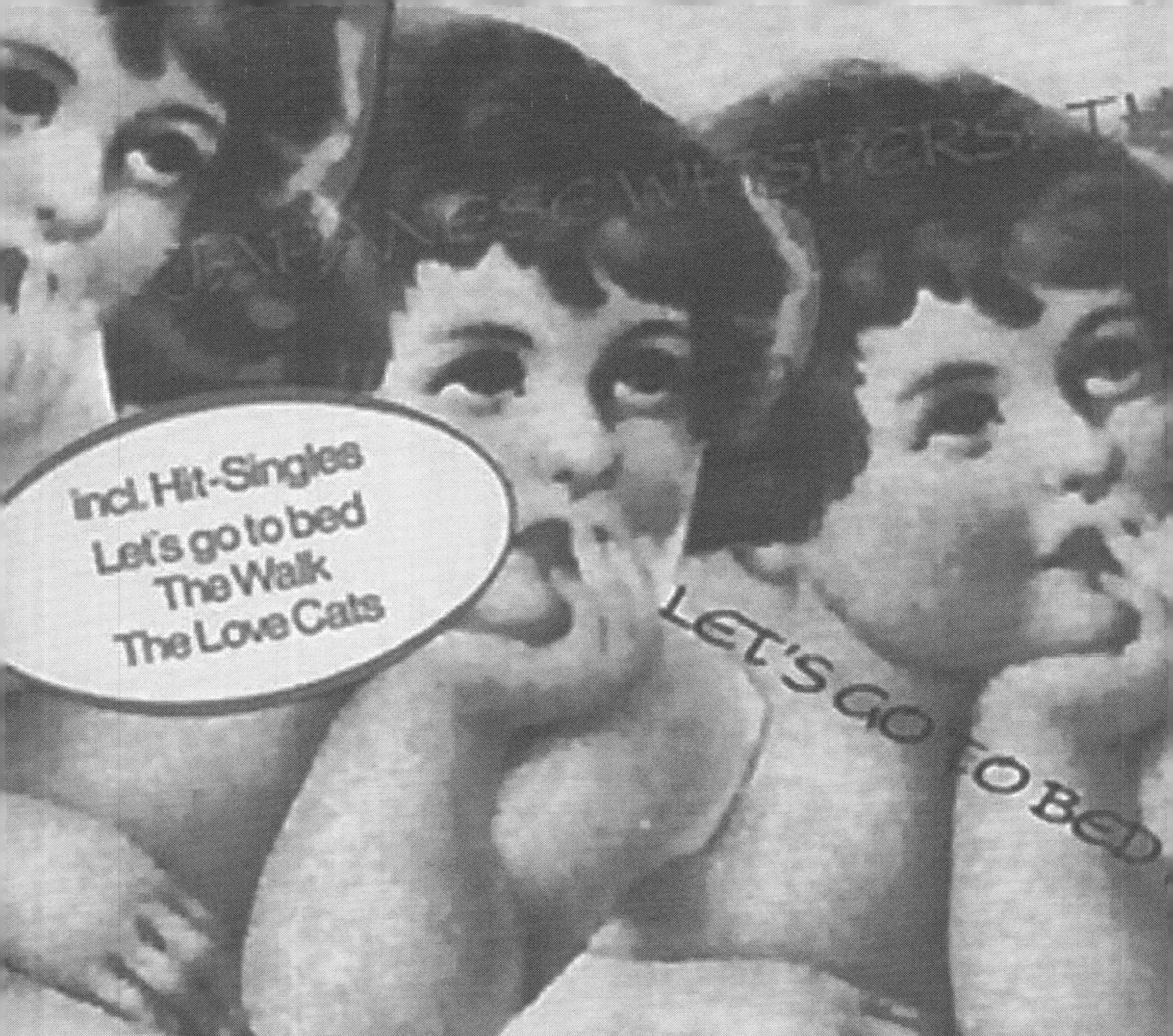

incl. Hit-Singles
Let's go to bed
The Walk
The Love Cats

LET'S GO TO BED

SEGUNDA PARTE

SPEAK MY LANGUAGE

UPSTAIRS ROOM THE WALK GAME

DREAM JUST ONE KISS

DISCOGRAFÍA

DISCOGRAFÍA

A lo largo de sus más de cuatro décadas de trayectoria, The Cure han forjado una discografía repleta de giros estilísticos, dentro de lo que se entiende como variables de una fórmula trabajada hasta la autonomía total. A ello, no sólo han ayudado sus discos oficiales, sino también pruebas discográficas con el peso del recopilatorio de caras B de singles y rarezas, *Join The Dots: B Sides & Rarities* (1978-2001). Quizá esta sea la prueba más representativa de las diferentes mutaciones vividas por el grupo comandado por Robert Smith a lo largo de los años. Dicho trabajo también demuestra una certeza mayor: la cantidad de piezas valiosas que dejaron aparte de la producción condensada en sus álbumes oficiales de estudio. Dicho esto, recopilatorios de singles de sus primeros años como *Standing On A Beach: The Singles* (1986) también resultan de gran valor, a la hora de ampliar el gran angular que muestra el desarrollo musical del grupo, realmente incesante en su primera etapa.

Aparte de los recopilatorios más señalados de, entre todos los publicados a lo largo del tiempo, en lo que se refiere a la publicación de discos en directo, su discografía también se alimenta de momentos álgidos como su díptico esencial, publicado en 1993, donde se muestra el lado más luminoso del grupo, en *Show*, y el más siniestro, en *Paris*. La selección de canciones recogidas en estos dos discos, pertenecientes al «Wish Tour», época en la que el grupo tocaba en directo con una de las formaciones más solventes que ha tenido nunca en directo. Otra muestra inequívoca de su gran valor en vivo como grupo es *Concert: The Cure Live* , que reproduce una de sus actuaciones a lo largo de la gira que dieron en 1984, con momentos para el recuerdo como su interpretación salvaje de «Give Me It».

Dentro de lo que es su producción en terreno visual, sobresale *The Cure In Orange*, correspondiente a su gira de *The Head On The Door*, con la labor de Tim Pope como realizador de una filmación en 35 mm. que refleja a la perfección intensidad milimétrica que el grupo era capaz de reproducir sobre las tablas.

Más allá de lo que es la producción correspondiente a The Cure, nunca está de más recuperar un disco como *Blue Sunshine* (1983), correspondiente a la efímera alianza entre Robert Smith y Severine, mano derecha de Siouxsie en su grupo. Con decir que de sus sesiones de grabación surgieron canciones como «Dressing Up», es más que suficiente aval para atestiguar su verdadera valía.

Toda esta serie de grabaciones constituyen un complemento básico para quien quiera contar con todas las cartas de la baraja que sustentan la trayectoria discográfica de The Cure. No obstante, a continuación, nos centraremos en su discografía oficial, correspondiente a sus álbumes de estudio, con la única salvedad de *Japanese Whispers*, cuya coherencia como LP autónomo refuerzan la idea de que se trata de una pieza más de su encadenado discográfico oficial y no un simple recopilatorio de singles y caras B.

THREE IMAGINARY BOYS

El arranque discográfico en largo de The Cure responde al contexto musical inglés del momento. Una vuelta de tuerca a las convenciones del virtuosismo rock, desechado por la idea del *do it yourself* como ética definitiva: encontrar la rúbrica personal a partir del error. En este sentido, *Three Imaginary Boys* es punk de corte seco, minimalista en su concepción y, posterior, ejecución. Punk existencial, que nos transporta en un viaje que va de Albert Camus a Frank Kafka.

Al igual que la influencia tremenda que tuvieron William Burroughs y Nietzsche en Ian Curtis, Robert Smith modeló su alma lírica en torno a los impulsos existencialistas que caracterizan a Camus, por quien surgió la esencia lírica de singles como «Killing An Arab».

A pesar de tratarse de un álbum del cual Smith siempre ha renegado, no podemos decir que se trate de un socavón en su trayectoria, ni mucho menos. Más cuando entre las trece canciones que lo componen se encuentran algunos de sus temas más memorables, como las inolvidables «10:15 Saturday Night» y «Fire In Cairo». Sólo por estos dos momentos, la existencia de *Three Imaginary Boys* está más que justificada. Eso sí, no nos engañemos, estamos ante un trabajo de iniciación total. Salvo ligeros detalles, no hay pruebas que muestren las señas de identidad que poco después arreciaron en sus siguientes LPs. Aun así, no se puede desechar este conjunto de canciones que, una detrás de otra, conforman uno de los testamentos más originales que nos proporcionó el punk primigenio, con esa forma tan característica de retorcer los códigos punk a partir de canciones que claman al desasosiego vital por medio de una interpretación instrumental y vocal ajena a la intensidad turbulenta y simplista de la ortodoxia punk. Aquí no hay nada de esto último. Más bien, una demostración de personalidad absoluta capaz de explotar en brotes pop de corte alucinógeno, como la misteriosa pieza que pone título al álbum o la explosividad pop con la que dieron vida a la inmortal «Boys Don't Cry», incluida en la versión estadounidense del LP.

En base a todo esto, *Three Imaginary Boys* se entiende como una radiografía excelsa de los comienzos del grupo, antes de comenzar su paseo entre las tinieblas de la autodestrucción y el post-punk espectral.

Sin embargo, no toda la prensa supo entrever las virtudes desarrolladas en sus canciones. Así, el periodista que dio significado al postpunk, Paul Morley, escribió lo siguiente para *New Musical Express*: «¡Aaah! Más jóvenes en alerta y angustiados. No los aplaudas. Este reluciente larga duración contiene doce variaciones autoconscientes sobre el tema suavemente peculiar, en algún lugar entre hipnótico e indiferente, que trajo al mundo, en algún lugar entre la exageración y el anonimato, el placentero «Killing An Arab». Para un álbum completo, esa bonita flexión y garabatos hace mucho menos que complacer y mucho más que irritar. La fórmula de The Cure no es tan maravillosa.

Pero The Cure no sólo están haciendo música pop. Hacen las cosas mucho peor de lo que podrían ser, al empaquetar esta espuma insustancial como si tuviera alguna validez social. Como si fuera a alterar nuestras concepciones de lo real y lo irreal. Adornan sus doce pequeñas cancioncillas con trucos poco fiables, no contentos con dejar que las canciones ordinarias mueran de muerte ordinaria.

Los muchachos se desenfrenan con un simbolismo insignificante y lo combinan con una oblicuidad grosera y sin alma. Están tratando de decirnos algo. Están tratando de decirnos que no existen. Están tratando de decir que todo está vacío. Están haciendo el ridículo. Están representados en la cubierta, de color helado, por tres aparatos domésticos voluminosos y envejecidos. Lol Tolhurst (batería) es un frigorífico. Michael Dempsey (bajo, voz) es una aspiradora vertical. Robert Smith (guitarra, voz) es una lámpara de pie. Cada canción está representada en la contraportada con una imagen y en la etiqueta con un símbolo.

Por lo tanto, una interpretación típicamente deshidratada de «Foxy Lady» de Hendrix se combina con una instantánea Polaroid de una dama escurridiza con falda, lápiz de ojos y tacones de aguja caminando por la acera de una metrópolis. «So What» está representada por una imagen de dos bolsas de azúcar granulada que se derraman por el suelo. Todo es ingenioso. Todo este jugueteo encantador e infantil sobre los objetivos de la anti-imagen, natu-ralmente, crea la imagen maleable perfecta: el tentador enigma de The Cure. Intentan quitarle todo el propósito y la idea del artista de rock, pero se esfuer-zan tanto que ponen más de lo que sacan. Se suman a la falsedad. Buena suerte para ellos.

The Cure, realmente, están tratando de vendernos algo. Su producto es más artificial que el de la mayoría. Esto es quizás parte de su plan maestro, pero pare-ce más que provenga de su ingenuidad. Tal como son, The Cure se establecieron como si flotaran en un largo camino fuera de los reinos de cualquier cosa que podamos entender. Son extraterrestres escandalosos y satisfechos, y nos miran desde arriba. Pero ¿qué ven?

No debemos olvidar que, después de aplicar la destrucción en la crítica de este disco, el propio Morley fue quien defendió a ultranza lo que Smith y los suyos prepararon para el brutal cambio de estilo aplicado en *Seventeen Seconds*.

SEVENTEEN SECONDS

Seventeen Seconds es el verdadero eslabón inicial de la discografía cimentada por The Cure a lo largo de los años. Entre sus canciones, podemos encontrar pruebas fehacientes de un estado de bonanza creativa sin límites en el ho-rizonte. Para esta ocasión, los de Crawley volvie-ron a contar con la ayuda de Mike Hedges a la producción, con quien dieron con el sonido au-tónomo tan deseado, calibrado entre la inquie-
tante tensión antártica que da cuerda a «A Forest» y la ralentización de las típi-cas rítmicas de tracción postpunk en cortes captados fotograma a fotograma como «M» y «At Night». En todos estos temas, el golpe gélido y matemático de batería ejecutado por Tolhusrst sirve para reprogramar la matriz sonora del grupo. El cuerpo instrumental se convierte en un zombi espectral, de pasos tan lentos que indican el camino de lo que años después, desde el rock under-ground norteamericano, se dio a conocer como slowcore gracias a formacio-nes como Codeine, Seam, Red House Painters o los imprescindibles Low.

Cada una de las pistas que dan forma al disco suena de forma literal y reco-gida, al mismo tiempo. En cierta manera, están proyectadas como si la labor de producción fuera un envasado al vacío, del cual brota un semillero de canciones atrapadas en la angustia vital mostrada por Smith durante su desgarrada interpretación neutra vocal de canciones como «Play For Today», todo un estandarte de lo que fueron los The Cure de la conocida como trilogía siniestra, iniciada con esta demostración de ascetismo postpunk antártico.

Pero este trabajo es mucho más que la primera parte de esta terna de obras esculpidas en el imaginario temporal del planeta pop más desasosegante. En sí mismo, se trata de un álbum que funciona como una entidad propia, ajena a la densa carga emocional destilada en sus dos hermanos discográficos posteriores. Lo que aquí suena casi se puede entender como una traslación sonora del trabajo fotográfico realizado por Sven Nykvist en películas de Inmar Bergman como *Persona*.

Las conexiones con la dimensión visual se hacen muy presentes en un disco para el cual cada instrumento cobra autonomía propia. Cada mínimo detalle en *Seventeen Seconds* está confeccionado como un sonido difuminado. En el caso de «In Your House», prácticamente naif. A diferencia de la habitual voluptuosidad expresiva de las camadas postpunk, Smith y los suyos decidieron dotar de un halo fantasmagórico a sus canciones, impulsadas por fuerzas intangibles, en torno a letras como:

«Time slips away/ And the light begins to fade/ And everything is quiet now/ Feeling is gone/ And the picture disappears/ And everything is cold now/ The dream had to end/ The wish never came true// And the girl starts to sing».

(«El tiempo desaparece secretamente/ Y la luz comienza a debilitarse/ Y todo está tranquilo ahora/ El sentimiento se ha ido/ Y la foto desaparece/ Y todo es frío ahora/ El sueño tenía que terminar/ El deseo nunca se hizo realidad/ Y la chica comienza a cantar».)

Estos versos pertenecen a «Seventeen Seconds», la canción con la que The Cure ponen punto y final al LP. En la misma, queda recogida todas las ambiciones líricas de un mensaje abocado a la búsqueda incesante de una instantánea nacida de la nada y la quietud fotográfica. La misma que fue reproducida en la portada de un LP valiente en su ambición por proponer un giro de ciento ochenta grados, que fue definitivo en el amanecer discográfico de la banda.

FAITH

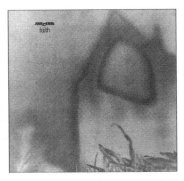

*F*aith es el segundo LP perteneciente a la trilogía siniestra de The Cure y el tercero de su
extensa carrera. Con este trabajo, el grupo redi-
mensionó el fondo emocional de sus canciones.
Asimismo, también deja atrás la crudeza seca
que caracteriza a sus dos primeros álbumes.
Cortes como «All Cats Are Grey» y «The Funeral Party» no solo son dos de los pináculos del
baúl de los tesoros portado por Smith, sino que
también definen la senda que los llevó a armar *Disintegration*, a finales de los
ochenta. Estas canciones en concreto reproducen el eco forjado desde las
sombras alargadas de la segunda cara de *Closer*, epitafio creativo, literal, de
Ian Curtis al frente de Joy Division. La senda abierta con el segundo LP de los
de Manchester se reproduce en el cuerpo central de *Faith*, disco de condición
ascética solo rota por el brío punk armado en «Doubt» y la velocidad terminal
desde la que Gallup empuja al resto del grupo en el single «Primary». Ambos
renglones torcidos son cortes de gran entidad, aunque en las antípodas del
discurso predominante dispuesto, con un ejemplo tan rotundo como el tallado en «The Drowning Man». En este corte, queda subrayada la incipiente percepción visual que estaba forjando el grupo en su identidad musical; en este
caso, subrayada por un aterrador cuerpo instrumental de motor postpunk
aletargado.

Desde el mismo momento, en el que se hace presente el eco de las campanas
de iglesia que abren «The Holy Hour», nos podemos hacer una idea de la densidad espiritual que bordea cada ángulo de un LP rebosante de fuerzas telúricas.

La sensación de estar ante una obra de rotunda belleza profana resplandece en la atmosfera general dispuesta. Una que alcanza su cénit en la canción
que pone título al álbum, broche final del mismo en el cual las líneas de bajo
ahogadas, al ralentí, por Gallup marcan los latidos de unos versos con los que
Smith deja morir la canción lentamente en la orilla. Casi siete minutos en los
que The Cure dieron forma a uno de los momentos más estremecedores que
produjo la segunda ola postpunk. La misma a la que pertenece «The Holy Hour»,
quilómetro cero del álbum, en la que los contornos acústicos de la guitarra eje-
cutada por Smith elevan la liturgia sepulcral del sonido del grupo a un estado
mayor del cosechado en *Seventeen Seconds*, su anterior LP. Es en este arranque
del disco con la que, nada más empezar, Smith nos pone en situación, al mismo

tiempo que nos prepara ante el desfile de imágenes dantescas reproducidas en tan excelso ejercicio de oscuridad en duermevela:

«I kneel and wait in silence/ As one by one the people slip away/ Into the night/ The quiet and empty bodies/ Kiss the ground before they pray/ Kiss the ground/ And slip away/ I sit and listen dreamlessly/ A promise of salvation makes me stay/ Then look at your face/ And feel my heart pushed in/ As all around the children play/ The games they tired of yesterday They play».

(«Me arrodillo y espero en silencio/ Mientras una a una las personas se deslizan/ Dentro de la noche/ Los silenciosos y vacíos cuerpos/ Besan el suelo antes de rezar/ Besan el suelo y se deslizan.../ Me siento y escucho sin soñar/ Una promesa de salvación hace que me quede/ Luego miro a tu cara/ Y siento a mi corazón empujando/ Mientras todos los niños juegan/ Los juegos que ayer me aburrían/ Ellos juegan».)

Cada poro de *Faith* se nutre de líneas tan desasosegantes como las descritas en las imágenes que nos adentran en «The Holy Hour», la estremecedora puerta de entrada a este álbum. Definitivamente, un trabajo que elude la consideración de disco de transición con la que ha sido etiquetado durante muchos años. En realidad, estamos ante su disco más infravalorado. Uno poblado de espíritus marcados por la sensación de estar ante un documental sobre juventudes arrancadas de cuajo.

PORNOGRAPHY

Tras haber moldeado su primera obra, verdaderamente, referencial, gracias a *Faith*, Smith, Gallup y Tolhurst trocaron la atmósfera ascética de dicho trabajo por una oleada de músculos y nervios en continuo estado de tensión-explosión. Maraña de falanges y huesos resquebrajándose a golpe de apocalíptica pulsión gótica. El descenso a los infiernos fue metafórico y absolutamente real. El placer de bordear el suicidio a través de un collar de canciones perturba-

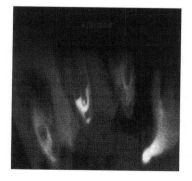

das, volcadas hacia el precipicio de cortes como «One Hundred Years», llega al paroxismo a través del sentir generado por el tribalismo mecánico que brota de la batería golpeada malsanamente por Tolhurst.

Entre golpeo y golpeo de baqueta, las cuatro cuerdas de Gallup suenan desesperadas, pulsadas mediante un vertebrado desaforado de líneas melódicas que impactan desde el bajo vientre. Por encima de todo, el ambiental manto sintetizado aporta misterio y, en cierta manera, reduce el sangrado sónico propuesto desde las cuchilladas eléctricas lanzadas por un Smith que, al mismo tiempo, canta como si no hubiese mañana. Más todavía cuando arranca el disco por medio de una frase tan elocuente como «It doesn't matter if we all die» (No importa si todos nos morimos). Tras tamaña declaración de intenciones, todo lo que viene después es sencillamente la ejemplificación de un subrayado tremendamente amplificado de la más mínima inflexión emocional condensada entre las ocho canciones aquí dispuestas. No en vano, estamos ante un disco que refleja en toda su crudeza, y exageración, el grado de autodestrucción al que había llegado el por entonces trío. Todo suena multiplicado hasta la extenuación, alcanzando una sensación continua de ahogo, representada en el final desbocado del álbum, con la ceremonia selvática que recorre cada átomo de la titular del álbum. Gritos, aporreos y evasiones líricas desde el otro lado del espejo que, en todo momento, suenan enajenadas, a través del corazón de una pesadilla muy real. Maximalismo spectoriano, pero en modo terror.

Dicho todo esto, seguramente, no haya disco de condición pop más atroz y hermoso, al mismo tiempo, que Pornography. Un álbum que bien se podría entender como exorcismo elevado a la enésima potencia, pero que en realidad funciona como ente poético desmesurado sin filtros. Uno en el que nos encontramos con un ramillete de canciones poderosas y fascinantes en su efecto triposo, como en «A Short Term Effect», donde The Cure se empapan de psicodelia hendrixiana para gestar un pequeño infierno neuronal. Desde las estepas más synth, «A Strange Day» se impone por su abstracción lírica, mientras «Siamese Twin» y «The Figurehead» conforman el corazón de un trabajo que triunfa en sus excesos y en la sensación de estar continuamente saltándose todas las reglas del ejercicio de estilo. Por su atrevimiento y magnetismo oscuro, Pornography alcanza la excelencia absoluta. El cierre más descomunal posible para su «trilogía siniestra». Y es que después de un acto tan dantesco como este la única opción de sobrevivir era pegando un obligado golpe de timón.

JAPANESE WHISPERS

Este trabajo en cuestión, fue concebido como un impasse discográfico mediante el cual asentar una percepción en el púbico radicalmente opuesta a la que el grupo había compuesto en sus tres álbumes anteriores.

Aunque no podemos entender este disco como un LP en sí mismo, resulta curiosa lo tremendamente cohesionados que están sus ocho canciones en conjunto, provenientes de los singles, con sus caras B correspondientes. En este sentido, *Japanese Whispers* está compuesto por los sencillos «The Lovecats», «Let's Go To Bed» y «The Walk». El conjunto final del álbum también nos ofrece muestras de genio absoluto como «La Ment», que parece haber salido de un filtro dream pop imaginario de las sesiones de *Pornography*. A pesar de este último ejemplo, nada más lejos de la realidad. De hecho, esta recopilación de singles funciona como el contrapunto perfecto a la obra más devastadora en toda la discografía del grupo. Una en la que también hay muestras jazz-pop tan sugerentes como «Speak My Language» o demostraciones de la tensión eléctrica tan característica desplegada por Smith y los suyos, tal que en «Just One Kiss». Incluso los dos momentos menos interesantes del lote, como «The Upstairs Room» y «The Dream», desprenden un encanto surgido de la inercia positiva en la que The Cure vivía en aquellos años de transición hacia renovadas estepas pop.

En definitiva, aunque no estemos ante una propuesta discográfica oficial de estudio, *Japanese Whistpers* cumple todos los requisitos para poder ser considerado de tal forma, dando lugar a un notable ejercicio pop de imaginación al cubo, mediante el cual ya nada volvió a ser lo mismo en la carrera de Smith y los suyos.

THE TOP

Yllegamos al quinto LP oficial del grupo. Uno al que consideraron en llamar *The Top*. Lo que se entiende como el clásico disco de transición, en realidad, es una prueba de ingenio personal de Smith para jugar con todas las facetas estilísticas del grupo en aquel entonces. Que el resultado es desigual se acentúa ante la comparación con sus álbumes previos, homogéneos como el acero en su concepción y acabado. Pero es que *The Top* es otra cosa, quizá un trabajo imprescindible que les allanó el terreno hacia renovados parajes pop, sublimados en dos piezas en particular: «The Caterpillar» y «Dressing Up». Pero también por momentos como «The Birdman Girl», en los que ya juegan con los significantes del flamenco a  las seis cuerdas, en una prueba de ingenio que marca la senda hacia logros mayores como «The Blood», perteneciente a su siguiente LP.

Nunca debemos olvidar que los cortes anteriormente mencionados representan el punto álgido creativo de un Smith que, a pesar de los altibajos que contiene el álbum, despliega todo su ingenio a lo largo de una serie de canciones que apelan a la fantasía subyacente que direcciona cada uno de sus diferentes actos musicales. En este sentido, cortes como «Bananasfishbones» o «Shake Dog Shake» ayudan a hacernos comprender los valores contenidos por un álbum que no funciona como un artefacto discográfico en sí con este soporte, si no como una radiografía exacta del momento exacto que estaba viviendo el cerebro de Robert Smith, en aquel mismo instante. En la memoria discográfica del grupo, *The Top* es recordado como el necesario punto de inflexión que tuvo el grupo, antes de pegar un imponente golpe de timón hacia sus años de exuberancia psycho-pop. Pero dentro de las costuras del álbum, también nos topamos con momentos de imparable intensidad punk por medio de «Give Me It», seguramente el tema más violento de entre todos los grabados en su trayectoria. *Pornography* aparte, claro está. En otros cortes del álbum, como «Waling Wall» ya podemos comenzar a degustar la inclinación de Smih por los sonidos de aura asiática, desarrollados en su máxima expresión en *Kiss Me, Kiss Me, Kiss Me*, esfuerzo mayor del cual *The Top* funciona como un borrador más inspirado de lo que pueda parecer en una primera escucha.

Se mire por donde se mire, con la perspectiva que otorga el tiempo, *The Top* suena como un *brainstorming* en crudo de los pasos más cercanos en el tiempo del grupo. Un trabajo para el cual la incorporación del multinstrumentista Porl Thompson reluce sobresaliente y básica en todo lo que podremos entender como la segunda edad dorada del grupo, que dio comienzo en *The Head On The Door*, su siguiente LP y su primer clásico «pop».

THE HEAD ON THE DOOR

Tras un disco irregular pero repleto de delicias como *The Top*, The Cure dio con su primera obra maestra, exclusivamente, pop. Que un grupo pasara en apenas tres años de la autodestrucción abanderada con *Pornography* a temas tan delicados como «Close to Me» o explosiones líricas con el magnetismo de «In Between Days» sólo puede responder a una capacidad innata de reinvención. Y eso es en definitiva *The Head On The Door*: la confirmación y sublimación de la progresiva transformación pop en todos sus diferentes palos. Magia reconcentrada a lo largo de una decena de canciones sin un gramo de grasa. Todo es fibra en un surtido de temas que se despliegan desde el exotismo oriental de «Kyoto Song» hasta los aires flamencos ideados para «The Blood». Esta última conecta directamente con el extravagante trasvase cabaret pop llevado a cabo en su momento por Marc Almond a través de su proyecto Marc & The Mambas. No en vano, más allá de ser una cápsula con entidad propia, The Cure no dejaba de ser un filtro juguetón de todas las ramas surgidas entre el postpunk y sus derivas synthpop, new romantic y avant-pop. No obstante, el sexto LP en estudio del grupo comandado por Robert Smith también responde a la voluntad de jugar con géneros fuera de su contexto y vampirizarlos. Esto ocurre con los riffs de aura heavy metal con los que abordan un corte como «Push», que al mismo tiempo conecta con las fórmulas eléctricas más más digeribles para el gran público que capitanes del punk neopsicodélico como Hüsker Dü y sus vecinos The Replacements estaban llevando a cabo en sus álbumes publicados con Warner Bros. Por conexiones de dicho calado, *The Head On The Door* funciona como gran catalizador pop de frecuencias estilísticas de su tiempo y las malea en su gran máquina circense de estilos. En este sentido, *The Head On The Door* no deja de ser un monumento tallado con diferentes materiales, entre los que destaca la reinserción de Simon Gallup dentro de la ecuación instrumental del grupo, aunque con una función muy diferente a la llevada a cabo en la trilogía siniestra de la formación. En un paralelismo más que evidente, sus despliegues a las cuatro cuerdas tienen más que ver con el Peter Hook de New Order que con el Hook que templaba y hacía explotar las líneas melódicas de Joy Division de forma violenta y seca. Precisamente, aquel mismo año, New Order publicaron

Low-Life, con canciones como «Love Vigilantes», en la que los punteos de Hook reproducen la técnica solista de Gallup en «In Between Days», florituras pop radiantes de vitalidad azul con la que ambos grupos encontraron el faro de luz que tanto necesitaban y que, en el caso, de The Cure se dio en esta colección de canciones, donde toda manifestación oscura siempre está atacada con un manto de sintes celestial, tal que en el último peldaño del disco, o con un trote demoledor proto-disco, tal que en la fabulosa «Baby Screams». Contando también en su repertorio con joyas del calibre de «A Night Like This» o la juguetona «Six Different Ways», no cabe más que abrazar los renovados votos positivistas de un grupo que, con este trabajo, inauguraba su edad dorada y se coronaba como la formación pop más imaginativa y original de su tiempo.

KISS ME, KISS ME, KISS ME

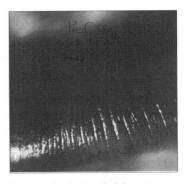

Cuando hablamos de *Kiss Me, Kiss Me, Kiss Me* quizás lo estemos haciendo del *London Calling* (1979) particular de The Cure. Aunque quizá a las latitudes a las que realmente apunta realmente, en cuanto a ambición, sean las que llegan hasta *Sandinista* (1980), triple salto mortal hacia adelante de The Clash con el que *Kiss Me, Kiss Me, Kiss Me* comparte el espíritu quijotesco de lanzarse sin red a las fauces del auto-descubrimiento. No en vano, estamos ante una oda total al desdoblamiento estilístico: dieciocho giros sobre sí mismos en los que ponen una pica en el tormento eléctrico en «The Kiss». Desde dicho punto abordan diferentes metamorfosis, ancladas en los sueños de Smith. Desde las pesadillas orientales tejidas en «The Snake Pit» o «If Only Tonight We Could Sleep» a ese juguete pop neoclásico de ternura perezosa titulado «Catch», The Cure dieron un paso más allá con respecto al ya, de por sí, variado *The Head On The Door*.

Siempre a la sombra del imperial *Disintegration*, el peso real de una obra tan ambiciosa como *Kiss Me, Kiss Me, Kiss Me* pocas veces ha sido ponderado en su medida real, una de perfiles tan contrastados y exóticos como pasionales por parte de una formación que en aquel momento no sabía contemplar el acto creativo de una forma que no fuera desde la negación del ejercicio de estilo y la homogeneidad como credo unificador. *Kiss Me, Kiss Me, Kiss Me* es el rostro de The Cure contemplado desde una habitación de espejos rotos. Desde el corazón esta gran matrioska pop, podemos encontrar todas las facetas del grupo, excepto la *synth*. Nunca antes habían sonado tan panorámicos y, al mismo tiempo, recogidos. De explosiones eléctricas dignas de un volcán noise a disparos de pop celestial, como «Just Like Heaven», Robert Smith y los suyos encontraron el ansiado equilibrio entre libertad creativa y habilidad para engarzar hits tan redondos como «Why Can't I Be You» o la deliciosa «Catch». De las celebraciones pop funk para las masas a melodías susurradas al oído para ser masticadas de forma personal, pocas obras han sido tan bipolares en la historia del pop, tanto como los vídeos realizados para la ocasión, punto de inflexión inequívoco de los ocho años sembrados que vivieron de 1985 a 1993.

Cada uno de los engranajes que dan cuerda a *Kiss Me, Kiss Me, Kiss Me* están calibrados en pos de una intención mayor: obrar una ópera egipcia metamórfica, a través de la que podemos atestiguar el inconformismo de Smith ante la idea de repetirse a sí mismo. No en vano, estamos ante una obra maestra del escapismo pop. Ya sea en su forma rabiosa y épica, con «Fight» como ejemplo más rutilante, o desde una delicia de orfebrería pop tan dulce como «Perfect Girl». Los extremos y sus diferentes curvaturas están perfectamente ensambladas en la maquinaria dispuesta para la ocasión: un festín de ideas cuajadas en torno al concepto de la cohesión nacida de la (aparente) dispersión.

De las pesadillas de aura oriental, orquestadas en temas como «If Only Tonight We Could Sleep» y «The Snake Pit» al romance desbocado llevado a cabo en la épica clásica de «One More Time», nos topamos ante un recorrido donde si, por alguna razón, la dispersión funciona como un reloj suizo es básicamente por una obviedad tan clara como la imponente personalidad desplegada por el grupo en cada uno de los diferentes giros ensamblados en tan circense yinkana pop.

Pero ¿por qué tanta variedad a lo largo del recorrido marcado para la ocasión? Tal como lo llegó a reconocer Smith para *Sounds*: «Ciertamente, hay muchas cosas increíbles que he escuchado a lo largo de los años, tantos tipos diferentes de música que los miembros de Cure escucharon y utilizaron. Como ya mencioné, me gustaba la Sensational Alex Harvey Band. Crecí con Pink Floyd, Jimi Hendrix y Captain Beefheart. Simon escucha a Kate Bush y otras cosas melódicas atmosféricas. A Porl todavía le gusta el *Physical Graffiti* de Led Zeppelin. A Lol le gusta Run DMC y los Beastie Boys. Eso significa que hay un montón de influencias en el grupo. Por eso es difícil para la gente etiquetar The Cure. Hay de todo en nuestra banda. Cualquier cosa que haya tenido alguna importancia y que haya salido en los *últimos* veinte o treinta años, ya sea musical o literaria, la conozco.

No tiene que gustarme, pero la conozco. Me gusta hacer mis experiencias por mi cuenta.

Entonces, hay muchas influencias y la mayoría fueron usadas por casualidad, de forma espontánea».

Ya fuera de forma espontánea o más pensada, de lo que no cabe duda es de la evidencia mayor que emerge tras la escucha de los dieciocho cortes que conforman el disco: todo funciona con total coherencia. No hay ninguna canción que corrompa la extraña armonía que fluye en todo momento en un artilugio sonoro que se asemeja más a un puzle con todas sus piezas ensambladas, que a una simple sucesión de canciones, sin más.

DISINTEGRATION

Con *Disintegration*, The Cure supieron retroceder dos pasos hacia su era oscura sin perder el oremus pop abrazado desde 1983 en adelante. ¿Y cómo lograron tal objetivo? Primeramente, enfocando la metodología de un disco como *Faith* dentro de una perspectiva más panorámica y musculosa del sonido. Es como si hubieran cogido los moldes de aquellas canciones diáfanas y las hubieran inflado de nervio puro. En ello, tuvo mucho que ver los plenos poderes concedidos a Roger O'Donell dentro de la formación, siendo la batuta principal de momentos épicos como «Plainsong» o «Closedown». Canciones como estas nacen desde el plano bipolar de la condición The Cure. La belleza arrebatadora que exhalan son una muestra única en cinemascope de un grupo que con este álbum de extenso metraje consolidó su estructura como banda. Y eso, a pesar de la presencia fantasma de Lol Tolhurst, quien, a pesar de todo lo dicho, también aporto su granito de arena en este trabajo, calificado como suicidio comercial en su momento, y con el que, contra todo pronóstico, alcanzaron el mayor éxito comercial de su carrera hasta aquel entonces. Lógicamente, algo así no ocurre por casualidad, sobre todo, cuando cuentas con singles de impacto imperecedero como «Lovesong» o también con «Lullaby», el reverso tétrico de «Close To Me». Precisamente, «Lullaby» se hizo famosa por un videoclip de terror gótico claustrofóbico, con Robert Smith demostrando por qué ha sido siempre una de las estrellas pop más influyentes en la estética cinematográfico del género fantástico y de terror. Con menor impacto en su momento, aunque tan recordado como los singles mentados, «Pictures Of You» también fue uno de los anzuelos lanzados del LP, corte de estribillo agazapado que ellos igualmente publicaron, con las líneas más hermosas de bajo que Gallup ha compuesto en toda su carrera como lugarteniente rítmico de la formación, y que bien se podría interpretar como una reconfiguración en *slow motion* de los preceptos saltarines y correosos de la imbatible «Just Like Heaven». Quizá en el contraste que existe entre estas dos canciones es donde mejor se puede entender el viraje orquestado por Smith y los suyos, de un mega caleidoscopio colorista pop como *Kiss Me, Kiss Me, Kiss Me* a una atalaya de pop denso de imponente capacidad en cinemascope como este *Disintegration*, considerado uno de los mejores discos de los años ochenta y de la historia en diferentes publicaciones, como *Rolling Stone*, *Slant Magazine* o *Rockdelux*.

Salvo en sus dos singles más famosos, aquí no hay caminos directos hacia las masas. Cada pequeño detalle que conforma este gran telar sónico está tremendamente estudiado dentro de un todo mayor en el que la pieza que da título al disco, «Prayers For Rain», «Fascination Street» y, la anteriormente mencionada, «Pictures Of You» funcionan como enclaves maestros de una experiencia de setenta y dos minutos de duración brutalmente inmersiva, complementada por la gran profundidad visual de una docena de canciones que, al igual que The Smiths con *The Queen Is Dead* (1986) y Television Personalities (1984) con *The Painted Word* alcanzaron la gloria pop desde los caminos menos frecuentes y habituales, de la introspección y la frondosidad pop. Todo ello, sublimado por la presencia subyacente de tensión continua en los pulmones de unas canciones que respiran con la boca abierta ante el alud de emociones que van desprendiendo a su paso. Sin duda, uno de los pilares que configuran la evolución del pop desde el mismo día de su publicación hasta la actualidad.

WISH

The Cure consumó su evolución hasta convertirse en una formación directamente planteada para tocar en los estadios de medio mundo. Más de cuatro millones de discos vendidos en todo el mundo ratifican la posición de privilegio alcanzada por Smith y los suyos.

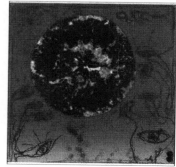

Tras haber parido una obra al límite como *Disintegration*, con la que, contra todo pronóstico, cosecharon su mayor éxito comercial, el listón estaba tan alto que no era asumible intentar igualarlo o superarlo. La jugada orquestada conllevó a un cambio de tercio hacia terrenos más plácidos, con la que se empaparon de la moda madchester, provenientes del sonido baggy, perfectamente constatable en cortes como «Wendy Time», que prácticamente suena como si Smith contara con los Happy Mondays como banda de apoyo.

Desde otro extremo, la moda surgida del shoegaze, space-rock y demás estilos configurados por una tendencia natural a la preponderancia atmosférica de las guitarras se palpa en «Open» y «End», los cortes que abren y cierran esta álbum de largo recorrido, de canciones que, al igual que en *Disintegration*, en varios casos superan con facilidad la media docena de minutos de duración.

La conexión total de *Wish* con el contexto pop preponderante en aquellos años es algo que nunca había estado tan presente en The Cure desde sus inicios, en la era punk y postpunk. Aquí los de Robert Smith cruzan caminos en un viaje de doble sentido donde su eco retorna en efecto boomerang hacia ellos mismos en cortes con la irradiación vitalista de «Friday I'm In Love», inesperado himno con el que abrazaron el extremo más desenfadado de su repertorio, con primos hermanos como «Boys Don't Cry», «The Lovecats» o «The Caterpillar». En cuanto al otro momento estrella del álbum, «High» es uno de los hits más infravalorados de toda la discografía de los Cure, magia pop colindante con la onda celestial de «Just Like Heaven», con unas de esas intros capaces de cortar la respiración de cualquier oyente.

Aunque quizá temas como «Wendy Time» o «Cut» rompan la uniformidad sobresaliente general que da cuerda a *Wish*, de lo que no cabe duda es de la capacidad sobrehumana de Smith y los suyos para haber parido un disco que no sólo consigue escapar de la sombra del inmortal *Disintegration*, sino que lo hace con personalidad propia y las suficientes razones como para poder erigirse en atalaya discográfica dentro de la cordillera fundamental que la compone.

WILD MOOD SWINGS

Después de haber alcanzado su techo de popularidad con *Wish*, el siguiente movimiento orquestado por Smith fue el más pobre en toda la carrera del grupo. Hasta aquel momento, *The Top* era considerado el LP menos brillante de su carrera, pero *Wild Mood Swings* no contiene momentos a la altura de joyas como «Dressing Up», «The Caterpillar» o «Give Me It». Para este trabajo, Smith se quedó solo y el resultado fue un salto al vació mediante el cual intentó abarcar una radiografía sónica de los noventa, con el post-grunge, el breakbeat o el trip-hop como algunas de las mutaciones que inocularon en un cancionero sembrado por la demencia de un Smith ávido de construir nuevos puentes en su país de nunca jamás.

Desde los comienzos de los años ochenta, que Smith no se dejaba influir tanto por el contexto musical del momento. La diferencia radica en que para esta ocasión sus necesidades no provienen de la curiosidad, tal como en los aires shoegaze y madchesterianos desplegados en disco como *Wish*, sino de una necesidad desesperada por volver a demostrar sus dotes transformistas con el fin de dar un giro radical, tal como lo hiciera en su momento en los pasos posteriores a la época perteneciente a su trilogía siniestra. Tales ambiciones dieron con un cuerpo sonoro que funciona como un Frankenstein extravagante, cosido por miembros estilísticos que incluso caen en los aires fronterizos, de corte mexicano, como en la fallida «The 13th», single del cual lo único destacable es la osadía de Smith por su intento de ampliar el cinemascope pop de su cuaderno de bitácora artístico.

Por lo demás, quizá lo más destacable de todo el lote sea «Want», corte con el que dan comienzo a un trabajo de gran extensión, en el se puede atisbar un cúmulo interesante de hallazgos, pero donde ninguno cuaja en formas concretas y bien acabadas.

BLOODFLOWERS

Después de haber tocado fondo con *Wild Mood Swings*, The Cure enfilaron su siguiente desafío discográfico con el recuerdo de dos discos en particular: *Pornography* y *Disintegration*. De hecho, lo que fue finalmente denominado como *Bloodflowers* se planteó como la continuación natural de ambos LPs, de los que este vino a ser concebido bajo la pesada carga en sus espaldas de tener que cerrar una trilogía con ambos momentos tan sobresalientes de su trayectoria.

A pesar de que el nivel compositivo sube unos puntos con respecto a su anterior trabajo, el impacto de *Bloodflowers* dista mucho de lo que fueron las obras en las que busca el reflejo de la inspiración. Aun así, no se puede desestimar este álbum, el último en el que el grupo siguió buscando nuevas mutaciones en su ADN a la hora de armar el caleidoscopio estilístico que conforman sus nueve canciones.

Dentro de cortes como «Watching Me Fall», once minutos en los que asistimos a una experiencia eléctrica que desentona con las coordinadas que delimitan las formulaciones que constituyen el libro de estilo forjado por el grupo a lo largo de los años. A pesar del espíritu rockista mostrado en la canción menos inspirada del lote, *Bloodflowers* sobrevive gracias a demostraciones de genio tan inconfundibles como «The Last Day Of Summer» y «The Loudest Sound». Seguramente, estemos hablando de las dos canciones más valiosas entre todas las compuestas por el grupo en el siglo XXI. Joyas marca de la casa en las que Smith y el resto se muestran más reflexivos que nunca, como si buscaran la belleza desde la experiencia de saber cómo extraerla como resultado de su pelea constante contra el paso del tiempo. Dicha sensación queda perfectamente expuesta en «39», en la que Smith dice literalmente «*And the fire is almost dead and there's nothing left to burn*» («*El fuego está casi apagado, y no queda nada que quemar*»), en su recreación de lo que ha supuesto alcanzar los cuarenta años para él.

El resto del disco está marcado por el miedo permanente creado en torno al deseo de que las partes más inspiradas no consigan prorrogarse en todo momento, lo cual sucede, dejando la sensación final de estar ante un trabajo que, por momentos, consigue hacernos creer que la mejor versión posible de The Cure ha vuelto, pero no lo consigue hacer de forma total y absoluta. Aun así, el paso de los años ha tenido un efecto rejuvenecedor en un disco que se traduce como el último intento, y el más épico, de los realizados por Smith por retornar al abrigo de las musas que alimentaron sus composiciones de los años ochenta y de principios de los noventa.

THE CURE

Ya asumido el cierre a las acciones que conlleven renovados parajes por la esencia The Cure, su trabajo de 2004 responde a la saludable voluntad de sacar lo mejor de sí mismos para ofrecer un ejercicio de estilo basado en tirar de fondo de armario, que para eso tienen uno de los más caleidoscópicos e inspiradores de la historia del pop. En este sentido, el decimosegundo

álbum supone otra decepción para todo el que se esperaba un nuevo intento por ensanchar el mapa de sonideros del grupo, y más después de toda la expectación generada por el propio Smith con la incorporación del icónico productor de rock alternativo Ross Robinson. Partiendo de esta base, los miembros del grupo se entregaron en un disco que, finalmente, suena a lo mejor que podrían haber hecho en aquel momento. No hay forma de echar nada en cara con filigranas pop como «The End Of The World», que bien podría colar en un álbum como *Wish* o la trepidante «Lost», con la que abren el álbum.

En *The Cure*, Smith desecha intentos de abrir complejas sendas conceptuales de forma, como en el fallido art-pop para las masas llevado a cabo en *Wild Mood Swings*, así como también evade un intento tan digno como *Bloodflowers* de recrear su vertiente más gótica desde una perspectiva ajena al after-punk practicado en sus comienzos. No, lo que aquí emerge es su versión más cercana a la *stadium band* en la que, precisamente, se convirtieron en 1992, con la gira correspondiente a *Wish*, y lo hacen mediante una colección robusta (y sí, americanizada) de canciones que, a pesar de innecesarias demostraciones de grandiosidad rock como en la épica rabiosa de «Us Or Them» o canciones que suenan tan forzadas como «Alt.end», demuestran ganas de gustarse a sí mismos como en el estribillo estremecedor alambicado en «(I Don't Know What's Going) On» o en el pop directo, primo lejano de «Just Like Heaven», tallado en una gema de cinco quilates como «Taking Off».

A pesar del trayecto irregular mostrado a lo largo de esta docena de canciones, el disco homónimo del grupo nos deja una colección de rescates más que satisfactorios que, no olvidemos, siempre serán más gustosos que cualquier muestra externa del eco descomunal propagado entre los grupos nacidos bajo su sempiterno influjo.

4:13 Dream

El siguiente paso en la trayectoria de The Cure llegó, de nuevo, cuatro años después, en 2008. El resultado fue *4:13 Dream*, nueva demostración de lo que significa un auto reciclaje sonoro a partir de retales recogidos de tu propia marca estilística. A estas alturas, nadie le iba a reclamar una nueva metamorfosis a un grupo que, durante quince años, ofreció más que el noventa y nueve coma nueve por ciento de formaciones con ascendente pop. En base a esta premisa, este trabajo se confirma como uno irregular, pero con al menos cinco momentos que no deberían pasar desapercibidos. Uno de ellos es «The Only One», en la que Smith nos guía de regreso a las sonoridades desplegadas en *Wish*, por medio de un hechizo  pop de exuberancia incandescente para el cual nos regala uno de esos estribillos, cocinados en el molde de «High», tan marca de la casa.

Los otros momentos a destacar de este álbum, al que no le habría venido mal suprimir tres o cuatro canciones, y concentrarse en la materia prima más inspirada, son «The Hungry Ghost», «Underneath The Stars», «The Reasons Why» y la emotiva «The Real Snow White». Lo que sí demuestran estos cortes es una realidad que también sucede con grupos de vasta influencia en el siglo XXI, como ellos mismos, sus primos lejanos New Order, Pixies o Depeche Mode. En este sentido, muchas veces cuando escuchamos a grupos que han bebido de su eco se tiende más a valorar su capacidad de mimetización que momentos menores en los grupos base, en los que, a pesar de no estar en sus años dorados, sí aún son capaces de exprimir las musas en pos de canciones que, si llevaran una firma diferente serían más valoradas. El porqué de estas dinámicas de valoración por parte de la prensa musical tiene su respuesta en la necesidad de buscar nuevos referentes para la prensa y las necesidades consumistas de millones de seguidores en la búsqueda continua, consciente o no, de modelos sonoros parecidos en su procedimiento artístico.

Retomando la senda de *4:13 Dream*, una de sus grandes ventajas respecto a su anterior LP es la ausencia de Ross Robinson en las tareas de producción. Toda esa densidad de esquemas rock es suprimida en favor de una mayor concreción pop, suma en el acabado final de un trabajo que, a pesar de sus indudables virtudes, ratificó la posición asumida de un grupo cuyo mayor estímulo a estas alturas de la película era conseguir exprimir al máximo sus concéntricos movimientos creativos.

A lo largo de todos los discos anteriormente señalados y las diferentes rarezas, aportaciones a bandas sonoras y caras B de single que fueron haciendo durante el tiempo, la cantidad de canciones memorables de The Cure ha alcanzado un número que, en realidad, no se corresponde con el número de LPs publicados. En su caso, la media es muy superior. Dicha dinámica viene también propiciada por el intimidante rango de variables estilísticas ejecutado por The Cure en todo este tiempo. De hecho, a la hora de hacer una selección de canciones recomendables, podríamos llegar perfectamente a cien. Sin embargo, con cincuenta se da una circunstancia mucho más representativa. Si comparamos esta selección con otras cincuenta de cualquier grupo considerado como capital dentro de las diferentes manifestaciones de la expresión pop, ninguno abarca semejante crisol de mutaciones, lo cual subraya la condición de grupo imposible de etiquetar en su globalidad como así corresponde a Robert Smith y los suyos. Dicha realidad la subrayan hechos como contar entre sus composiciones más memorables con joyas del jazz-pop, synthpop, minimalismo, experimental, funk pop, afterpunk, pop clásico, punk, postpunk, exótica, pop gótico o post-rock, por decir unas de las muchas ramificaciones que surgen de la matriz de un sonido libérrimo, dentro de condición amasada entre las cuatro esquinas del país de las maravillas particular que Smith edificó en su palacio mental, dispuesto de cielo e infierno, pesadilla y fantasía. No hay forma de englobarlos bajo una única definición, pero sí escoger estas cincuenta canciones que, ante todo, demuestran un hecho mayor: la única forma de dar con la fórmula mágica de The Cure es ahondar en todas las diferentes manifestaciones de la misma. Todo un festín del cual, David Bowie aparte, nos queda la playlist *más original que pueda proporcionarnos el universo pop.*

THREE IMAGINARY BOYS

Estamos ante una de las primeras demostraciones del genio atesorado por Robert Smith, desplegada a lo largo de tres minutos y quince segundos perfectos en su misteriosa aura pop. Con esta canción, compuesta por un Robert Smith adolescente, somos testigos de uno de las características que tan bien desarrollaron The Cure a lo largo de su carrera: la capacidad para gestar melodías donde mood pop naif y la materia oscura convergen en una forma única de autonomía creativa, sublimada en las inolvidables letras escritas por Smith para la ocasión, en las que pocas veces ha sido mostrado de forma tan vehemente el vacío existencial en el que vivía la juventud británica, fuera de Londres, en los años setenta:

«Walk across the garden/ In the footsteps of my shadow/ See the lights out/ No one's home/ In amongst the statues/ Stare at nothing in/ The garden moves/ Can you help me?/ Close my eyes/ And hold so tightly/ Scared of what the morning brings/ Waiting for tomorrow/ Never comes/ Deep inside/ The empty feeling/ All the night time leaves me/ Three imaginary boys».

(«Cruzo el jardín/ Sobre las huellas de mi sombra/ Veo que la luz está apagada/ No hay nadie en casa/ Entre las estatuas/ La mirada perdida en el vacío/ El jardín se mueve.../ ¿Puedes ayudarme?/ Cierro los ojos/ Y los aprieto fuerte/ Asustado por lo que el mañana trae consigo/ Esperando el mañana/ Que nunca llega/ En lo más profundo de mi ser/ La sensación de vacío/ Con todo lo que la noche me deja/ Tres chicos imaginarios»

10:15 SATURDAY NIGHT

Este es otro de los ganchos infalibles contenidos en el siempre reivindicable primer LP de The Cure. «10:15 Saturday Night» fue publicada como single y, en cierta manera, define las coordenadas sonoras que definieron sus siguientes pasos, a partir de *Seventeen Seconds*. La sensación depresiva surgida de la obsesión por esperar a que suene el teléfono para poder salir el fin de semana emerge insana a través de la austeridad misteriosa que envuelve cada uno de los silenciosos impasses instrumentales que articulan la estructura de una canción en la que Smith canta al desasosiego de no saber si podrá aprovechar el día más importante de la semana de una forma que jamás podrás ser expresado en estos tiempos de WhatsApps, Facebook y demás formas de sobre comunicación entre amigos y allegados.

FIRE IN CAIRO

Al igual que sucede con «Three Imaginary Boys», en esta canción The Cure vuelven a revestir la idiosincrasia punk de misteriosa aura pop. Y lo hacen a partir de una premisa central de actuación: la sequedad minimalista con la que Smith dibuja prácticamene esbozos de electricidad intuida. La ligereza cuasi funk (deprimente) de sus punteos delimita la esencia de dos minutos perfectos, en los que la llama de la juventud es dispuesta con la idea de mostrar las rutinas de dejadez que representaba un modus vivendi habitual entre la gente de su generación, acostumbrada a vivir con la idea del futuro desalentador propuesto

La Primera Ministro Británica Margaret Thatcher.

por la Primera Ministro Británica Margaret Thatcher a través de sus políticas neoliberalistas. Dicha sensación de derrota queda perfectamente destilada en ejemplos como el aquí presente, condicionado por unas letras que desprenden testosterona alucinada en torno a imágenes de pura contradicción pirómana.

BOYS DON'T CRY

«Boys Don't Cry» es el segundo single publicado por The Cure en toda su carrera. Uno que, más de cuatro décadas después, sigue estando considerado como una las gominolas pop más vibrantes de todo el imaginario creado por Robert Smith y los suyos. No en vano, sigue siendo uno de sus temas más emblemáticos dentro de s maratonianos bises que suelen marcarse en sus directos.

En poco más de dos minutos de algarabía total con las musas, asistimos a un chispazo pop iluminado por esencias árabes eléctricas destiladas en pura ambrosía de inmediatez, o como si unos Television Personalities de primera generación se entregaran con un plus de efervescencia juvenil. Si esto lo escribieron los mismos autores que *Pornography*, de lo que no cabe la menor duda es de una realidad superior: estamos ante uno de los grandes misterios del universo pop, con letras que aún desprenden la inocencia del adolescente que las escribió como:

«I would break down at your feet/ And beg forgiveness, plead with you/ But I know that it's too late/ And now there's nothing I can do/ So I try to laugh about it/ Cover it all up with lies/ I try to laugh about it/ Hiding the tears in my eyes/ Cause boys don't cry/ Boys don't cry».

(«Me lanzaría a tus pies/ Y pediría perdón, te rogaría.../ Pero sé que es demasiado tarde/ Y ahora ya no hay nada que yo pueda hacer/ Más que tratar de reírme de esto/ Engañarme con mentiras/ Intento reírme de esto/ Escondiendo las lágrimas de mis ojos/ Porque los chicos no lloran/ Los chicos no lloran».)

A FOREST

«A Forest» es el tema más carismático y conocido de *Seventeen Seconds*. También lo es de la trilogía siniestra del grupo. En este ejercicio de atmósfera desasosegante de tapiz electrónico, las líneas de bajo pulsadas por Gallup propulsan la canción mediante una metodología que bebe directamente de la definición de motorik aplicada por Michael Rother en los autos sacramentales de la ortodoxia krautrock. A lo largo de sus casi seis minutos de duración, el oyente entra en una dimensión synth gélida como el hielo, cuya sensación deriva en un fin: atraparnos en una sensación sin escapatoria, del cual Smith recita en la canción versos tan concluyentes del estilo trazado por él en aquellos tiempos como:

«I hear her voicec calling my name/ The sound is deep in the dark/ I hear her voice/ And start to run/ Into the tres/ Into the tres/ Into the trees/ Suddenly I stop/ But I know it's too late/ I'm lost in a forest/ All alone/ The girl was never there/ It's always the same/ I'm running towards nothing/ Again and again and again».

(«Escucho su voz diciendo mi nombre/ El sonido se encuentra profundo en la oscuridad/ Escucho su voz/ Y comienzo a correr/ Dentro del bosque/ Dentro del bosque/ Dentro del bosque/ De repente me paro/ pero sé que es muy tarde/ Estoy perdido en el bosque/ Completamente solo/ La chica nunca estuvo ahí/ Siempre es lo mismo/ Estoy corriendo hacia la nada/ Una y otra vez y otra vez y otra vez».)

M

Este corte de «Seventeen Seconds» y «Lovesong» están extrañamente ligados por el cordon umbilical de su razón de ser: canciones dedicadas a Mary Poole, quien ya de entonces era la novia de Robert Smith, la persona con quien comenzó andadura vital en pareja desde que tiene quince años. Por otra parte, estamos ante la muestra más fehaciente de la influencia ejercida por The Cure en el punk neopsicodélico norteamericano facturado en los años ochenta y noventa,

Mary Poole junto a Robert Smith.

con Nirvana como ejemplo más representativo del eco propagado por la melancolía punk destilado en esta canción con letras tan amorosas como:

«You'll fall in love with somebody else again tonight / Take a step / You move in time / But it's always back... / The reasons are clear / Your face is drawn / And ready for the next attack.»

(«Esta noche también te vas a enamorar de otro/ Avanza un paso/ Te mueves a tiempo/ Pero es siempre hacia atrás.../ Las razones están claras/ Tu cara está dibujada/ Y lista para el próximo ataque...»)

PLAY FOR TODAY

«Play For Today es la canción más emblemática de *Seventeen Seconds*, junto a «A Forest». No en vano, se trata de un ejercicio pop sencillamente perfecto en todas sus líneas de acción. La consolidación del sonido armado por el grupo resplandece por la personalidad autónoma de cada uno de los elementos instrumentales que la sostiene, dentro de la que destaca la presencia de Gallup como nuevo miembro del grupo. Pero si este corte destaca por una característica en particular es, sobre todo, por la inolvidable sencillez con la que el grupo es capaz de articular un hechizo pop a través de elementos tan sencillos como la tremendamente sencilla línea de sinte que da pulso a una canción, ante todo, generosa en su manera de mostrar las líneas invisibles que sustentaron la creación de un sonido aterradoramente prístino como el ideado para las dos primeras partes de su trilogía siniestra.

ALL CATS ARE GREY

Seguramente, esta sea la pieza que mejor describe la blancura fantasmagórica que inunda cada poro de *Faith*. Inmersa en una calida emotividad atmosférica, pocas canciones de The Cure alcanzan la serenidad minimalista trazada desde el manto sinte con la que fue moldeada. La profunda emoción destilada en este corte es subrayada por la forma de cantar de Smith, que sencillamente obra su interpretación vocal más sincera y desgarradora hasta aquel momento. Sobra decir que estamos ante uno de los borradores más representativos de lo que años después fue *Disintegration*, y en la que Smith deja para la posteridad versos en los que ilumina la belleza escondida en la oscuridad de la noche, que también puede ser entendida como la belleza que refleja esa misma oscuridad:

«I never thought that I would find myself/ In bed amongst the stones/ The columns are all men/ Begging to crush me/ No shapes sail on the dark deep lakes/ And no flags wave me home/ In the caves/ All cats are grey/ In the caves/ The textures coat my skin/ In the death cell/ A single note rings on and on and on».

(«Yo nunca pensé que me encontraría en cama entre las piedras/ Las columnas son todos los hombres/ Rogando aplastarme/ Ninguna figura navega en los lagos profundos y oscuros/ Y ninguna bandera me señala el camino a casa/ En las cuevas/ Todos los gatos son grises/ En las cuevas/ Las texturas cubren mi piel/ En la celda de la muerte Una sola nota suena y suena y suena...»)

FUNERAL PARTY

«The Funeral Party» es aún más simbólica que «All Cats Are Grey» en lo que fue la cumbre discográfica del grupo y de todo 1989. Aunque más adelante los ecos de las teorías Joy Division van a seguir siendo igual de evidentes, en este corte se palpa más que nunca el impacto que tuvo la segunda cara de *Closer* en grupos como The Cure. Mantos de sintes aerostáticos, que en esta canción ofrecen una mayor profundidad a la oración cantada por Smith de Smith:

«Memories of children's dreams/ Lie lifeless/ Fading lifeless/ Hand in hand with fear and shadows/ Crying at the funeral party/ I heard a song and turned away/ As piece by piece you performed your story/ Noiselessly across the floor/ Dancing at the funeral party».

(«Recuerdos de sueños de niños/ Yacen sin vida/ Desvaneciéndose/ Sin vida/ De la mano con miedo y sombras/ Llorando en el velatorio». («Oí una canción/ Y me fui/ Mientras fragmento a fragmento/ Tú interpretabas tu historia/ Ningún ruido por el piso/ Bailando en el velatorio».)

THE DROWNING MAN

En la época de *Faith*, The Cure alcanzó su primer pico de excelencia absoluta por medio de artilugios como «The Drowning Man», en la que comienzan a ahondar en las propiedades artys de la cacharrería sinte. Así queda formalizado en esta canción, en la que Smith canta como si su voz estuviera ahogada en el fondo del mar. La desesperación concentrada en el canto de Smith se ve reforzada por el toque de guitarra sinuoso y extrañamente envolvente que gira alrededor de una caja de ritmos tan minimalista y amenazante como obsesiva en su proyección repetitiva. Una sobre la que emergen letras tan representativas de la capacidad de Smith para capturar imágenes en la duermevela entre el sueño y la fascinación como:

«She stands twelve feet above the flood/ She stares/ Alone/ Across the wáter/ he loneliness grows and slowly/ Fills her frozen body/ Sliding downwards/ One by one her senses die/ The memories fade/ And leave her eyes/ Still seeing worlds that never were/ And one by one the bright birds leave her/ Starting at the violent sound/ She tries to turn/ But final/ Noiseless/ Slips and strikes her soft dark head/ The water bows/ Receives her/ And drowns her at its ease/ Drowns her at its ease».

(«Ella permanece doce pies sobre la inundación/ Mira fijamente/ Sola/ A través del agua/ La soledad crece y lentamente/ Cubre su cuerpo congelado/ Deslizándose hacia abajo/ Uno a uno sus sentidos mueren/ Los recuerdos se desvanecen/ Y abandonan sus ojos/ Aun viendo mundos que nunca existieron/ Y uno a uno los luminosos pájaros la dejan.../ Sobresaltada por el violento sonido/ Intenta volverse/ Pero finalmente/ En silencio/ Se desliza y golpea su suave y oscura cabeza/ Las reverencias del agua/ La reciben/ Y la ahogan a su merced...».)

FAITH

Con este corte se cierra el periplo por las ocho fases de «Faith», letanía pop que define el ADN metodológico de lo que en los años noventa se acuñó como slowcore por medio de formaciones como Seam, Codeine y los primeros Low, cuya patente sonora en sus tres primeros LPs es una de las recreaciones más fidedignas personales, al mismo tiempo, que se han hecho jamás del grupo de Smith. En «Faith», lo que realmente define los significantes de dicha fórmula están encerrados en el bajo mortuorio pulsado por Gallup y el toque espectral de batería ejecutado por Tolhurst para la ocasión. Entre ellos, tejen la red sobre la que Smith se explaya con unos toques de guitarra que parecen exhalar lágrimas eléctricas en todo momento. Cabe recordar la inolvidable interpretación que hicieron de este corte en el concierto que ofrecieron en Francia en 1986, grabada para la posteridad en «The Cure In Orange», la filmación en directo más fabulosa que se ha hecho jamás de Smith y su troupe de músicos.

Codeine, la banda de indie rock/slowcore formada en 1989.

CARNAGE VISORS

«Carnage Visors» enfatiza el lado más vanguardista, experimentador y visual del grupo. Y lo hace por medio de casi veintiocho minutos en los que somos partícipes de la construcción de una música fantasmal, de tono tan ascético y blanquecino como la portada de *Faith*, álbum con el que está hermanado esta pieza, imprescindible para entender la verdadera dimensión musical del grupo y todas sus aristas en aquellos tiempos de inmersión hasta las catatumbas emocionales del existencialismo gótico practicado en sus canciones y vídeos. Eso en este caso, por medio de una atmósfera instrumental que bien podría cuadrar en películas como *Arrebato*, de Iván Zulueta. Aunque para la película para la que fue compuesta esta pieza quilométrica fue para la película del mismo nombre, dirigida por Ric, el hermano de Simon Gallup.

CHARLOTTE SOMETIMES

«Charlotte Sometimes» es el puente perfecto entre *Faith* y *Pornography*. Pop gótico de desaforada intensidad lírica con la que The Cure muestran su devoción por llegar al extremo que separa emoción sin filtros de épica en modo cartón piedra. Todo en esta canción está sublimado por una sensación desaforada de intensidad romántica que Smith reproducirá en formas diferentes en los años siguientes, como en la épica barroca que articula cada átomo de «One More Time», perteneciente a *Kiss Me, Kiss Me, Kiss Me*. Sin embargo, ninguna resulta tan catedralicia como tan consciente forma de representar sentimientos a través de versos como:

«All the faces/ All the voices blur/ Change to one fase/ Change to one voice/ Prepare yourself for bed/ The light seems bright/ And glares on white walls/ All the sounds of/ Charlotte sometimes/ Into the night with/ Charlotte sometimes/ Night after night she lay alone in bed/ Her eyes so open to the dark/ The streets all looked so strange/ They seemed so far away/ But Charlotte did not cry».

(«Todas las caras/ Todas las voces se confunden/ Se convierten en una cara/ Se convierten en una voz/ Prepárate para ir a la cama/ La luz parece brillante/ Y resplandece sobre blancas paredes/ Todos los sonidos de/ Charlotte a veces/ En la noche con/ Charlotte a veces/ Noche tras noche tumbada sola sobre la cama/ Sus ojos tan abiertos en la oscuridad/ Todas las calles parecían tan raras/ Parecían tan lejanas/ Pero Charlotte no lloró».)

THE FIGUREHEAD

«The Figurehead» arranca la cara B sin dar un respiro. La depresión cobra forma total y absoluta en esta canción, marcada por ese «no volveré a estar limpio jamás», enunciado por un Smith que puntea alguna de líneas eléctricas más desesperadas y hermosas que se hayan compuesto jamás. Esta forma de tocar la guitarra define la ortodoxia instrumental de la generación slowcore, encabezada por grupos como Codeine y Seam, que tanto le debe al estilo forjado por un Smith que, más que nunca, en *Pornography* dejó su sello mediante una exposición terriblemente afligidas de las seis cuerdas.

«The Figurehead» también se convirtió en uno de los estandartes más representativos en directo de un grupo que para la gira correspondiente firmó una serie de conciertos ejecutados siempre al borde del abismo. Representación total del desolador momento anímico en el que se encontraba el grupo. Qué más se puede decir con un arranque como el interpretado por Smith en su canto de:

«Sharp and open/ Leave me alone/And sleeping less every night/ As the days become heavier and weighted/ Waiting in the cold light/ A noise a scream tears my clothes as the figurines tighten/ With spiders inside them and dust on the lips of a vision of hell/ I laughed in the mirror for the first time in a year/ A hundred other words blind me with your purity/ Like an old painted doll in the throes of dance/ I think about tomorrow».

(«Penetrante y abierto/ Déjame solo/ Y durmiendo menos cada noche/ Mientras los días se vuelven más pesados y cargados/ Esperando la luz fría/ Un ruido, un grito desgarra mi ropa mientras las figurinas se estiran/ Con arañas en su interior/ Y polvo en los labios de una visión del infierno/ Me reí en el espejo por primera vez en un año/ Otras cien palabras me ciegan con tu pureza/ Como una vieja muñeca pintada en la agonía del baile/ Pienso en mañana».)

A SHORT TERM EFECT

Tras habernos arrastrado a la desesperación a las primeras de cambio, *Porno-graphy* prosigue su rumbo inquebrantable mediante «A Short Term Effect», directamente influida por los efectos del LSD que vivieron durante su graba-ción. En este caso, estamos ante una demostración descomunal de hasta qué punto la psicodelia hendrixiana aquí expuesta puede tornar en un delirio casi infrahumano de magnetismo, prácticamente, virulento. Sin duda, una de las piezas que dan sentido a la permanente calificación de disco enajenado con la que se suele describir este disco. Algo a lo que, en esta ocasión, también ayudan letras como:

«Scream, as she tries to push him over/ Helpless and sick/ With teeth of madness/ Jump, jump dance and sing/ Sideways across the desert/ A char-coal face bites my hand/ Time is sweet/ Derange and disengage everything».

(«Grita! Mientras ella intenta hacerlo caer/ Desvalida y enferma/ Con dien-tes de locura/ Salta, salta, baila y canta/ De reojo al otro lado del desierto/ Un rostro de carbón muerde mi mano/ El tiempo es dulce/ Lo desarregla y deshace todo».)

En este corte en particular se intuye el gusto por la psicodelia arábiga, que tanto influyó a Smith en posteriores trabajos como «Kiss Me Kiss Me Kiss Me». Dicho cauce instrumental es una metáfora del estado de locura permanente vivido por Smith, Gallup y Tolhurst durante la confección de un disco en el que, literalmente, acabaron luchando contra sus propios demonios interiores y entre ellos mismos. Tanto que, al terminar su grabación Gallup salió del grupo.

A STRANGE DAY

«A Strange Day» posiblemente sea la piedra roseta de lo que debería en-tenderse como synthpop gótico. Puro deleite desde el lado misterioso del pop con el que Smith firmó una de las canciones más emblemáticas del grupo. Una de esas tantas que no fueron single y que, tal como «Dressing Up» o «Screw», e incluso caras B de singles como «2 Late», confirman por qué

Smith es uno de unos autores más versátiles y originales que nos ha brindado la cosmología pop.

En esta canción en particular, el mayor enemigo de Barbra Streisand (como bien es sabido desde *South Park*) vuelve a brindarnos una colección esplendorosa de acordes de guitarra antológicos, de fastuosa aura mercurial. Otra prueba de cómo hacernos caer en la belleza sin remisión a través de la representación sin ataduras de la depresión total.

COLD

A diferencia de su predecesora en el álbum, «Cold» desecha todo rastro de hermosura y nos empuja a un precipicio de desesperación absoluta. Uno que pone rostro a los recuerdos a Smith sobre lo que significó la documentación sónica de una depresión en conjunto. Instantánea sin medias tintas sobre la que llegó a decir lo siguiente: «Es un hecho que se registraron algunas de las canciones en los baños para obtener una sensación verdaderamente horrible, porque los baños estaban sucios y sombríos. Simon Gallup no recuerda nada de eso, pero tengo una foto mía sentado en un inodoro, con la ropa puesta, tratando de remendar algunas de las letras. Es una foto trágica».

THE WALK

E stamos ante el «Blue Monday» particular de The Cure. Nueva inflexión en su constante necesidad de metamorfosear, como si se tratara del reflejo de un espejo deforme de circo. La fase meramente synthpop del grupo fue breve pero repleta de hallazgos como este single y la desenfadada «Let's Go To Bed», la canción que realmente provocó el giro radical con respecto a la angustia autodestructiva contenida en *Pornography*, aunque donde realmente alcanzaron la excelencia fue en esta pieza de tintes asiáticos, como si tendieran un puente invisible con la Yellow Magic Orchestra, incluso un guiño en una letra donde reluce dicha aura nipona en su estribillo:

«I kissed you in the wáter/ And made your dry lips sing/ I saw you look/ Like a Japanese baby In an instant I remembered everything, everything, everything».

(«Te besé en el agua/ E hice que tus labios secos pecaran/ Te vi/ Como una niña japonesa/ En un instante recordé todo...»)

THE LOVECATS

Resulta imposible no caer rendido ante la juguetona diversión felina que irradia tan inspirada demostración jazz-pop como la que aquí nos atañe. Inspirada por *Los Aristogatos*, Robert Smith estaba totalmente obsesionado con esta película de Walt Disney, lo cual quedó refrendado en la imaginativa línea de producción jazz-pop orquestada para su composición, ambientada con pertinentes maullidos de gatos afilados a más no poder, que engalanan una materia prima plena de aciertos en su confección. Una en la que somos partícipes de un estribillo que desprende un encantador aroma ryhtm & blues de impronta infantil y encantadora, donde la introducción que hace Smith con las letras resulta en un ejercicio de concreción y sencillez lírica a prueba de bombas:

«We move like caged tigers/ Oh, we couldn't get closer than this/ The way we walk/ The way we talk/ The way we stalk/ The way we kiss/ We slip through the streets/ While everyone sleeps/ Getting bigger and sleeker/ And wider and brighter We bite and scratch and scream all night/ Let's go and throw/ All the songs we know..».

(«Nos movemos como cautelosos tigres/ Oh! No podríamos ser más silenciosos/ La manera en la que caminamos/ la manera en la que hablamos/ La manera en la que acechamos/ La manera en la que besamos/ Nos movemos por las calles cuando todos duermen/ Siendo cada vez más importantes, más elegantes, más astutos y más radiantes/ Mordemos, arañamos y gritamos toda la noche/ Vamos, lancemos.../ Todas las canciones que conocemos...»)

THE CATERPILLAR

antasmagoria de coros hawaianos. Sólo por esta fantasía hecha realidad, «The Caterpillar» debería ser reverenciada como la rara avis más intrigante que nos ha proporcionado jamás el enfoque pop de la exótica. No en vano, todo en esta canción parece haber sido extraído de una película del genio del stop-motion Jan Svankmajer. Delirio surrealista con el que articula un sueño en tiempo real, con pianos trastabillados y una base acústica de dibujos animados sobre la que Smith se deleita ofreciéndonos una interpretación vocal tan juguetona como irresistible:

«Flicker, flicker, flicker, flicker, flicker, flicker, flicker, flicker/ Here you are/ Cata-cata-cata-cata-cata-cata-cata-cata/ Caterpillar girl/ Flowing in and filling up my hopeless heart/ Oh, never, never go Dust my lemon lies/ With powder pink and sweet/ The day I stop/ Is the day you change/ And fly away from me».

(«Aleteas aleteas aleteas/ Aquí estás/ Oruga oruga oruga/ Chica oruga/ Que entras a raudales/ Y llenas mi desesperado corazón/ Oh nunca nunca te vayas/ Espolvoreo mis mentiras de limón/ Con polvo rosa y dulce/ El día que paro/ Es el día que cambias/ Y te alejas volando de mí».)

DRESSING UP

in duda alguna, estamos ante la joya escondida de The Top. Con unos elementos synth mínimos, Smith enhebra uno de los trenzados vocales más pegadizos de entre todos los que ha perpetrado a lo largo de su carrera. La sencillez lisérgica con la que emerge cada una de las notas de esta canción fluye con el típico encanto oriental que Smith luego desarrolló con mayor fuerza en cortes como «Kyoto Song» y en el anterior single «The Walk», por ejemplo. Sin embargo, aquí resulta tan encantador como un hechizo en la sombra. Uno que, al principio, estaba pensado para formar parte del proyecto conjunto entre Smith y Severin en *The Glove*, pero que Smith se guardó para sus quehaceres con The Cure sin decirle nada al miembro de Siouxsie & The Banshees de la existencia de esta canción.

CLOSE TO ME

La canción más emblemática de *The Head On The Door* es también una de las más recordadas de todo el catálogo desarrollado por The Cure. No en vano, estamos ante una pieza pop ensimismada, alegre e hipnótica, de dibujos animados. Fantasía en modo minimal que nos transporta hasta la azotea de los sueños de Robert Smith, a través de los que plasma un ejemplo insuperable de claustrofobia infantil, con versos tan bien escogidos como

«I've waited hours for this» I've made myself so sick/ I wish I'd stayed asleep today/ I never thought this day would end/ I never thought tonight could ever be/ This close to me/ Just try to see in the dark/ Just try to make it work/ To feel the fear before you're here/ I make the shapes come much too close/ I pull my eyes out/ Hold my breath and wait until I shake».

(«He esperado horas esto/ Me estoy volviendo loco/ Desearía haberme quedado dormido hoy/ Nunca pensé que este día terminaría/ Nunca pensé que esta noche estaría/ Tan cerca de mi/ Intento ver en la oscuridad/ Intento hacerlo funcionar/ Para sentir el miedo antes de que llegues/ Imagino que las formas se acercan demasiado/ Me arranco los ojos/ Contengo la respiración/ Y espero hasta que tiemblo

A pesar de que no pudo superar el puesto veinticuatro en las listas de ventas de singles británicas, estamos ante el punto de inflexión más relevante en el renovado status comercial del grupo.

IN BETWEEN DAYS

Dentro del top de canciones más relevantes y atemporales de la discografía armada por The Cure, «In Betweeen Days», seguramente, sea una de las canciones más influyentes de todo su cancionero. Y, si no, que se lo pregunten a grupos españoles como La Dama se Esconde o Triángulo de Amor Bizarro, que hicieron suyo el clásico de los Cure en «Vigilantes del espejo». Tampoco debemos olvidar que estamos en la antesala de los patrones musicales que articularon «Just Like Heaven». Y que, así mismo, estamos ante un corte que, para seguir alimentando los vasos comunicantes entre The Cure y New Order, contiene una progresión instrumental muy parecida a «Dreams Never End», uno de los clásicos primigenios del grupo liderado por Bernard Sumner.

Tal como llegó a reconocer Smith para *Melody Maker*: «Los hits pop nos han permitido tener éxito. Esa fue siempre nuestra intención, supongo, atraer a la gente y luego sofocarla... Siempre he sido lo suficientemente consciente como para saber que tienes que endulzar la píldora un poco, pero no de una manera banal».

Los versos que articulan «In Between Days» muestran a un Smith pletórico, a la hora de describir sentimientos contradictorios, pero tan reales que pueden llegar a producir un escalofrío ante el reconocimiento de los mismos, más en este caso en concreto, que son cantados por alguien que en aquellos momentos apenas contaba con veinticinco años en aquel momento:

«Yesterday I got so old/ I felt like I could die/ Yesterday I got so old/ It made me want to cry/ Go on, go on, just walk away/ Go on, go on, your choice is made/ Go on, go on, and disappear/ Go on, go on away from here/ And I know I was wrong/ When I said it was true/ That it couldn't be me and be her/ In between without you/ Without you».

(«Ayer me sentí tan viejo/ Me sentí como si fuera a morirme/ Ayer me sentí tan viejo/ eso me hizo querer llorar/ Anda, anda, sólo márchate/ Anda, anda, tu elección ya está hecha/ Anda, anda y desaparece/ Anda, anda, lejos de aquí/ Y se que estaba equivocado/ Cuando dije que era verdad/ Que no podía ser yo ni ser ella/ Al mismo tiempo sin ti/ Sin ti»)

A NIGHT LIKE THIS

Una de las características más representativas de la impronta sonora moldeada por The Cure siempre ha sido la tendencia hacia la dramatización épica. En este caso, elevada a su quintaesencia por medio de esta pequeña obra de arte en la que Smith juega con la ornamentación tan típica del sophisti glam con seña de identidad Roxy Music, tan evidente en el saxofón interpretado por Porl Thompson para la ocasión, pero incluso en la tensión generada desde la línea de piano armada desde la retaguardia de la contundente base rítmica dispuesta. Todo un teatro de condición tempestuosa en el que Smith se muestra rutilante en su forma de enfocar con gran angular escenas de una ruptura no deseada:

«Say goodbye on a night like this/ If it's the last thing we ever do/ You never looked as lost as this/ Sometimes it doesn't even look like you/ It goes dark/ It goes darker still/ Please stay/ But I watch you like I'm made of stone/ As you walk away/ I'm coming to find you if it takes me all night/ A witch hunt for another girl/ For always and ever is always for you/ Your trust/ The most gorgeously stupid thing I ever cut in the world».

(«Di adiós en una noche como esta/ Aunque sea lo último que hagamos/ Nunca te habías visto tan perdida/ A veces ni siquiera pareces tu/ Se hace oscuro/ Más oscuro aún/ Por favor, quédate/ Pero te veo como petrificada/ Mientras te alejas.../ Voy a encontrarte aunque me tome toda la noche/ Una cacería de brujas por otra chica/ Por siempre jamás es siempre por ti/ Tu confianza/ La cosa más maravillosamente estúpida que siempre rompo en este mundo».)

PUSH

Estamos ante la primera demostración de la capacidad que tuvo The Cure para convertirse en una *stadium band* de tomo y lomo. No en vano, la fervorosa parte eléctrica de «Push» está templada entre acordes que pueden recordar a un cruce ideal entre la técnica metal pop de Eddie Van Halen y la épica desplegada por The Edge. En base a dicho punto de partida, nos topamos con un corte en el que la presencia vocal de Smith se retrasa dos minutos. Una que cuando aparece es para acompañar la estruendosa arquitectura barroca timoneada por un arco memorable de líneas de bajo desplegadas como golpes de yunque.

Es en esta canción donde también se enfilan las coordenadas sonoras que tanto van a triunfar en el siglo XXI a través de grupos como Keane o Arcade Fire, cuya visión del pop siempre parte de una necesidad inconsciente por bordear siempre el límite que llega a lo ampuloso.

THE EXPLODING BOY

«The Exploding boy» es la cara B de un single; en este caso de «In Between Days», que bien podrían haber formado parte de la selección final de canciones escogidas para *The Head On The Door*. No en va vano, casi cuatro décadas después de su publicación, sigue siendo un misterio el porqué de su no inclusión en dicho LP. Y que ya quedó demostrado con su inclusión como uno de los temas estrella incluidos en *Join The Dots*, la imprescindible recopilación del grupo. No en vano, estamos ante una nueva torsión de estilo, para la cual el uso de los vientos recrea una especia de sueño ECM en modo pop atlético, aunque sobre una base rítmica engarzada en torno a algunas de las líneas de bajo más inolvidables de entre todo el catálogo gestado por Gallup. Fantasía de voluptuosidad en grado sumo con la que quedó demostrada una vez más la solvencia con la que The Cure completaban las caras B de sus siete y doce pulgadas.

THE KISS

No se puede arrancar un disco de forma tan violenta como lo hizo Robert Smith con este corte, en el que suelta palabras envenenadas como

«Get your fucking voice / Out of my head / I never wanted this / I never wanted any of this / I wish you were dead.»

(«Saca tu maldita voz / Fuera de mi cabeza / Nunca quise esto / Nunca quise nada de esto / Ojalá estuvieras muerto».)

A partir de este mensaje envenenado, la mole eléctrica desplegada se nutre de una perspectiva que adelanta los preceptos estilísticos del post-rock. O sea, una nueva muestra de clarividencia por parte de un grupo que siempre fue más allá de la recreación multicolor de su universo, sino también como pioneros inconscientes de las modas venideras que se dieron en los años noventa.

JUST LIKE HEAVEN

Epítome de la perfección pop, para entender la capacidad de mutación que siempre ha tenido el cancionero de The Cure, no hay más que recordar la versión que la formación indie-rock Dinosaur Jr. hizo en a finales de los ochenta de este corte, el cual arrastró a su terreno punk neopsicodélico, mediante una perversión alucinada de los acordes celestiales pulsados por Robert Smith para la misma y la mutación punk del estribillo. No en vano, al hablar de «Just Like Heaven», lo estamos haciendo del single por el cual The Cure siempre serán recordados. Fogonazo de inspiración divina en el cual parecen tomar la esencia de «In Between Days» y llevarlos a un grado superior de expresión y de majestuosidad, simbolizados en el arranque celestial de la canción, seguramente uno de los más emocionantes de la historia del pop. Igualmente, sublimado por la entrada lírica que hace Smith a lomos de letras tan icónicas como

«Show me, show me, show me how you do that trick/ The one that makes me scream», she said/ The one that makes me laugh», she said/ And threw her arms around my neck/ Show me how you do it/ And I promise you, I promise that/ I'll run away with you/ I'll run away with you».

(«Muéstrame cómo haces ese truco/ El que me hace gritar me dijo ella/ El que me hace reír, me dijo ella/ Y puso sus brazos alrededor de mi cuello/ Muéstrame cómo lo haces y te prometo/ Te prometo que me escaparé contigo/ Me escaparé contigo».)

CATCH

De melancolía con efecto casi mediterráneo, en este single extraído de *Kiss Me, Kiss Me, Kiss Me*, los miembros de The Cure enhebraron uno de sus trucos de magia más brillantes. El teclado ejecutado por Tolhurst se emborracha de melancolía a lo largo de una canción delicada hasta el punto de que, en todo momento, parece que se va romper. Una en las que su conexón con la Velvet Underground de su tercer LP se puede palpar de forma casi evidente.

De una delicadeza prístina, «Catch» avanza al son de un amanecer otoñal que transciende en todo momento, alimentado por la imagen grabada en la memoria del videoclip, cuya atmósfera recuerda a una especie de versión naif a lo Eric Rohmer de los años ochenta.

HOW BEAUTIFUL YOU ARE...

Sinuosa y de magnético recorrido horizontal, esta es una de las joyas ocultas de *Kiss Me Kiss Me Kiss Me*. De esa clase de ejercicios pop de corazón acústico que, al igual que «A Letter To Elise» cinco años después, refrendan la querencia de Smith por buscar puntos de fuga encaminados hacia la placidez, y no el continuo enfrentamiento que destila la mayoría de sus canciones. Aquí no, lo que desprende en cada momento «How Beautiful You Are» es la expresión calmada del barroquismo pop que ya comenzaron a practicar en los tiempos de *The Head On The Door*, ensalzado por otra de esas letras en las que Smih idealiza un amor que no responde a nombre concretos ni nada que pueda hacernos despertar del sueño enhebrado para la ocasión. Un amor cosido con letras que definen dicho ideal:

«I turned to look at you/ To read my thought upon your face/ And gazed so deep into your eyes/ So beautiful and strange/ Until you spoke/ And showed me understanding is a dream/ «I hate these people staring». / Make them go away from me!».

(«Me di la vuelta para mirarte/ Y leer mis pensamientos en tu cara/ Y observé profundamente tus ojos/ Tan hermosos y extraños/ Hasta que hablaste/ Y me mostraste que la comprensión es un sueño/ Odio esta gente que se queda mirando/ ¡Aléjalos de mi!».)

ICING SUGAR

Este es uno de los cortes que demuestra con mayor rotundidad las altas dotes de influencia que consiguió la formación de Robert Smith durante la grabación de *Kiss Me, Kiss Me, Kiss Me*. No en vano, estamos ante un corte en el que la batería selvática aporreada por Boris Williams, el saxo impetuoso soplado por el músico invitado Andrew Brennen y el bajo cataclísmico ejecutado por

Gallup se imponen totalmente a la presencia de un Smith que se deja llevar por la desbordante sensación libérrima que sobrevuela en todo momento por sus compañeros de grupo. El resultado encuentra su punto de cocción exacto entre las ínfulas experimentales del investigador del ritmo oceánico Jon Hassell y las dinámicas tribales ya impuestas por Tolhurst en su estruendosa forma de tocar la batería durante la grabación de *Pornography*.

PLAINSONG

Seguramente, no haya ejemplo más revelador que este a la hora diferenciar entre épica vacía y épica superficial, tipo Editors y otra clase de grupos que han mamado concienzudamente del librillo de estilo patentado por The Cure. «Plainsong» es una canción en la que Smith nos arrastra al borde del precipicio emocional descrito en un canto sobrecogedor, seguramente el más emotivo de toda su carrera, para el cual diseñó un desgarrador *wall of sound* de corte gótico que alcanza la plenitud total por medio del emotivo cuerpo de sintes ejecutados por Bamonte, cuya líneas de referencia apuntan al más que presente eco de «Atmosphere», una de las piedras roseta que sustentan el eje de influencia de Joy Division en The Cure.

LULLABY

«Lullaby» pertenece a esa clase de canciones siempre asociadas al videoclip que la representa; en este caso el más icónico de entre todos los que grabaron a lo largo de su trayectoria. Sin embargo, un corte con las virtudes de «Lullaby» se sostiene únicamente por su dimensión musical. No en vano, este es uno de los trucos más originales que Smith se ha sacado nunca de la chistera. El porqué de esta aseveración surge del enfoque adoptado para gestar este tema, bordado como si de una aterradora pirueta pop se tratara, contando que estamos ante lo más cercano que podremos estar jamás de una opereta pop gótica. La escalofriante dimension alcanzada en este corte llega a cotas insuperables a través de letras como:

«On candy stripe legs the spiderman comes/ Softly through the shadow of the evening sun/ Stealing past the windows of the blissfully dead/ Looking for the victim shivering in bed/ Searching out fear in the gathering gloom and/ Suddenly a movement in the corner of the room/ And there is nothing I can do/ When I realize with fright/ That the spiderman is having me for dinner tonight».

(«Con piernas de caramelo, el hombre araña viene/ Suavemente a través de la sombra del atardecer/ Robando al pasado las ventanas/ De la muerte extasiada/ Buscando a su víctima temblorosa en la cama/ Descubriendo el temor en las penumbras/ Y ¡de pronto! ¡Un movimiento en la esquina de la habitación!/ Y no hay nada que yo pueda hacer/ Cuando asustado me doy cuenta/ De que el hombre araña va a cenarme esta noche».)

De imágenes que alimentan canciones de este tipo, Smith llegó a a comentar para *New Musical Express* que: «Cuando yo era muy joven, tenía un tío muy extraño (¡también llamado Robert!) que se deleitaba en encontrar tantas formas de asustarme como podía. Una de sus favoritas era susurrarme al oído sombrías historias de cabecera, historias que a menudo relataban las retorcidas hazañas de una horrible criatura devoradora de niños llamada simplemente "el hombre araña ". Una noche llegó tan lejos que se puso a trepar por la ventana de mi habitación después de que se apagaron las luces... Grité durante tanto tiempo que parecieron días».

PICTURES OF YOU

«Pictures of you» es uno de los singles más atípicos de The Cure, con más de siete minutos de duración. Estamos ante un single sin hecuras de singles menos impactante que la pesadilla gótica de «Lullaby» o un hit de pura cepa como «Lovesong». Aun así, se trata de la pieza musical más representativa de lo que significa *Disintegration*. Es darle a *play* y caer ante la profunda empatía generada por la intensa melancolía de los recuerdos más vividos, aquí no sólo expuestos por la letra escrita por Smith, sino por la línea de bajo hilvanada por Gallup, a la altura de las más bellas que Peter Hook ha compuesto para New Order, grupo con el que esta canción encuentra un punto de unión total por medio de cortes de los mancunianos como «Age of Consent», «Thieves Like Us» o «Temptation», en los que la felicidad nace de sentimientos azules. Una canción que expresa al dedillo lo que Smith buscaba con este álbum, y que en su momento explicó para *Sounds*: «Con *Disintegration*, quería ver si The Cure todavía podía hacer un disco que tuviera una sustancia real y si éramos capaces de expresar y compartir sentimientos tan profundos. El tipo de cosas que sientes la primera vez que alguien te besa violentamente en la boca. Es este tipo de intensidad, cuando eres joven, que nunca debes olvidar con la edad. Nunca».

«Pictures Of You» siempre será recordada por tratarse de una canción de amor de sinceridad arrebatadora, donde el costumbrismo de las imágenes esculpidas por Smith irradian empatía por los cuatro costados. No puede ser menos ante una colección de recuerdos tan estremecedora como la dispuesta en letras como

«I've been looking so long at these pictures of you/ That I almost believe that they're real/ I've been living so long with my pictures of you/ That I almost believe that the pictures are all I can feel/ Remembering you standing quiet in the rain/ As I ran to your heart to be near/ And we kissed as the sky fell in, holding you close/ How I always held close in your fear/ Remembering you running soft through the night/ You were bigger and brighter and wider than snow/ You screamed at the make-believe, screamed at the sky/ And you finally found all your courage to let it all go».

(«He estado buscando tanto tiempo tus fotos/ Que casi creo que eran reales/ He estado viviendo tanto tiempo con mis fotos de ti/ Que casi creo que esas fotos son/ Todo lo que puedo sentir/ Recordándote quieta en la lluvia/ Mientras yo corría hacia tu corazón para estar cerca de ti/ Y nos besábamos mientras el cielo se caía/ Abrazándote cerca/ Como siempre te abracé en tus temores/ Recordándote correr suavemente por la noche/ Tú eras más grande y brillante y amplia que la nieve/ Y gritabas al hacer creer/ Gritabas al cielo/ Y finalmente encontraste todo tu valor/ Para dejarlo marchar».)

CLOSEDOWN

En cuanto a lo que antes comentaba respecto a, «Atmosphere», de Joy Division, esta tuvo una de sus trasmutaciones más elocuentes, y sobrecogedoras, en «Closedown». Esa batería ceremoniosa, la línea abisal de teclados fundiéndose con el mismo aire que respiramos y Robert Smith dándole la pausa necesaria a las palabras en acongojante tono neutro. La estructura es prácticamente idéntica que la canción de Ian Curtis y los suyos, pero el resultado es totalmente personal. Este tema simboliza el punto más álgido de la tremenda influencia recibida de Joy Division, y que ya había sido llevada hasta sus últimas consecuencias mediante su trilogía «siniestra», aquí reforzada por el canto mayestático de un Smith que parece extraer las palabras a través de un espejo que le dicta cómo encontrar la luz a través de los aranceles del tiempo y del vacío existencial.

«I'm running out of time/ I'm out of step and closing down/ And never sleep for wanting hours/ The empty hours of greed/ And uselessly always the need to feel again/ The real belief of something more than mockery/ If only I could fill my heart with love».

(«Estoy escapando del tiempo/ Estoy cansado/ Me estoy cerrando por completo/ Pierdo el sueño por horas/ Esas vacías horas de avaricia e inutilidad/ Siempre tengo la necesidad/ de sentir otra vez que creo en algo más que en desprecio/ Si tan solo pudiera llenar mi corazón de amor...»)

LOVESONG

La canción que Robert Smith le regaló a Mary por su enlace matrimonial y el único tema hasta aquel momento que Smith considera una canción de amor de principio a fin. Su rotundo éxito en los charts británicos y norteamericanos refrenda la capacidad de mutación de un grupo que, para la ocasión, tomó el camino abierto en «Catch» y le imprimió una velocidad más. El resultado es una gema pop de muchos quilates, con la que Smith vuelve a hacer uso de un tono vocal lastimero que fluye fabuloso entre los afilados punteos de guitarra y la entrañable sonoridad de tonos Farfisa aplicada.

PRAYERS FOR RAIN

Estamos ante otra de las muestras más rotundas y perfectas de la vampirización de los códigos sonoros de Joy Division dentro del corpus creativo de The Cure. La tensión violenta con la guitarra de la que hacía uso Bernard Sumner en canciones como «Day Of The Lords» aquí es devorada por la constitución del muro de sonido tan característico de *Disintegration*, con una sensación permanente de intensidad vertical, incluso vertiginosa, sublimada por la nerviosa interpretación vocal de un Smith que lanza versos al aire como

«You fracture me, your hands on me/ A touch so plain, so stale it kills/ You strangle me, entangle me/ In hopelessness and prayers for rain/ I deteriorate, I live in dirt, and nowhere glows but/ Drearily and tired the hours all spent on killing/ Time again all waiting for the rain».

(«Tú me quiebras, tus manos en mí/ Que me tocan de una forma tan ordinaria, de una forma tan vieja, que me mata/ Me estrangulas, me enredas en la desesperanza y en oraciones por la lluvia/ Me deterioro/ Vivo en la suciedad/ Y nada brilla como la tristeza y el cansancio/ Las horas se han ido malgastando en el tiempo,/ Todas ellas esperando la lluvia».)

FASCINATION STREET

Estamos ante una de las canciones favoritas de Robert Smith en directo. Posiblemente, la demostración más ejemplar de lo que se entiende por The Cure cuando hablamos de una stadium band. Porque eso es lo que expresa esta nueva pieza también extraída de *Disintegration*. Un nuevo truco de magia, inspirado en una noche loca del grupo en Nueva Orleans. El resultado es demoledor, de una densidad trepanadora, que llegó a alcanzar el primer puesto en la lista estadounidense de *Modern Rock Tracks*. Aval más que suficiente para corroborar la grandeza de un tema como este que, al igual que «Pictures Of You», dejó clara una de las características más renombrables de *Disintegration*: La capacidad de romper con los arquetipos predominantes de single *radio-friendly*, aduana hacia el éxito que Smith y los suyos se saltaron a la torera de forma única y a contracorriente.

DISINTEGRATION

La canción que pone título al pináculo creativo de Smith y los suyos son ocho minutos de progresión casi cercana a los parámetros rítmicos del krautrock. La frondosa línea de bajo obsesivamente repetida por Gallup abre la senda sobre la que se cuelan hipnóticos chispazos sinte y toda una serie de efectos que parecen colorear el entorno en el que serpentea un Smith abocado a la exposición de sentimientos acerca de la desintegración de un amor en pareja, expuesto en versos con la rotundidad de…

«I never said I would stay to the end/ I'd leave you with babies and hoping for secrecy/ Screaming like this in the hole of sincerity/ Scream with me over and over and over/ I leave you with photographs, pictures of trickery/ And stains on the carpet and stains on the memory/ Songs about happiness murmured in dreams/ And we both of us knew how the end always is».

(«Pero nunca dije que me quedaría para el final/ Así que te dejo con bebés y esperando frecuentemente/ Gritando así en la esperanza del secreto/ Gritándome encima y encima y encima/ Te dejo con fotografías, fotos de engaño/ Manchas en la alfombra y manchas en el paisaje/ Canciones sobre felicidad murmuradas en sueños/ Cuando ambos supimos cómo sería el final...».)

2LATE

Seguramente, esta sea la muestra más fehaciente de la capacidad que tenían The Cure en los años ochenta para producir gemas pop escondidas en las caras B de singles como «Lovesong». Si de «The Exploding Boy» no se puede llegar a entender su no inclusión en *The Head On The Door*, de «2Late» se podría decir lo mismo si no fuera porque este corte pertenece las sesiones de *Disintegration*, un trabajo en el que «Lovesong» fue el límite en lo que a luminosidad pop se refiere. Y es que la que fue su reverso en el sencillo publicado para la ocasión desprende luminosidad por los cuatro costados. Casi tres minutos en los que los teclados celestiales de Bamonte encuentran el contrapunto ideal en los emotivos y dulces acordes de guitarra con los que Smith tira de libro de estilo, como si de un cruce entre «Catch» y «Just Like Heaven» se tratara.

HIGH

El single de adelanto de *Wish* es otra muestra rotunda de cómo The Cure eran capaces de emocionar desde la factura dream pop, aunque, al igual que con su prima lejana «Just Like Heaven», la forma de hacerlo era mediante una marcha más de velocidad y la literalidad de la extraña dicción vocal de Smith, armada en torno a letras como

«When I see you sky as a kite/ As high as I might, I can't get that high/ The how you move, the way you burst the clouds/ It makes me want to try/ And when I see you sticky as lips/ As licky as trips, I can't lick that far/ But when you pout, the way you shout out loud/ It makes me want to start/ And when I see you happy as a girl/ That swims in a world of a magic show/ It makes me bite my fingers through/ To think I could've let you go».

(«Cuando te veo en el cielo como un cometa/ Por muy alto que vaya no llegaré tan alto/ La forma en que te mueves/ La forma en que rompes las nubes/ Me dan ganas de intentarlo/ Cuando te veo tan pegajosa como los labios/ Tan lamedora y lamida, no puedo lamer tan lejos./ Pero cuando te enojas la forma tuya de gritar/ Me dan ganas de empezar/ Y cuando te veo tan feliz como una niña/ Envuelta en un mundo de fantasía/ Me dan ganas de morderme los dedos al pensar que hubiera podido dejarte ir/ Y cuando te veo andar de esa forma tan tuya/ Como solías andar/ Me digo que seguiré abrazándote con todas mis fuerzas y nunca te dejaré escapar»).

El paso del tiempo también ha corrido muy a favor de este single que, pese al éxito cosechado en su momento, nunca fue considerado como uno de los más relevantes dentro de la discografía del grupo. Hecho absurdo, cuando lo que aquí tenemos es básicamente una de las demostraciones más elocuentes de la capacidad de Smith para exaltar sus virtudes como hacedor de milagros con la guitarra, cuando se trata de inducir a un estado de hipnosis extasiada, en base a su forma única de jugar con las líneas de flotación de las seis cuerdas.

FRIDAY I'M IN LOVE

Así como REM triunfaban un año antes con una canción atípicamente alegre en su repertorio como «Shiny Happy People», lo mismo se puede decir de The Cure con esta oda al día previo al fin de semana. Una letra tan aparentemente tontorrona y simple como efectiva a la hora de mostrar un nuevo ángulo dentro de la colección infinita de esquinas que conforman el universo Cure; en este caso, el perfil más alegre y festivo de una formación capaz de arrancar sonrisas del corazón con una pieza pop tan luminosa como esta; a la postre, el single de mayor éxito de entre todos los extraídos de *Wish*, y, sin duda alguna, uno de sus temas más icónicos y tatareados en todo el mundo.

FROM THE EDGE OF THE DEEP GREE SEA

La épica de The Cure siempre proviene de un estado de fervorosa agresividad. Así sucede en esta cabalgada impetuosa de pura pasión eléctrica, que conforma el corazón de un álbum como *Wish*. Uno para el que esta canción supone un *tour de force* admirable para el cual la repetición obsesiva del teclado y las guitarras, de corte noise, dotan de una atmósfera tensa de una canción para la que, tal como explicó Smith a *Guitar World* en 1992: «Con From The Edge Of The Deep Green Sea, pensé en una parte de guitarra y se mantuvo hasta el final, aunque el resto de la canción cambió a su alrededor». En efecto, dentro de este corte asistimos a una construcción sin igual de elementos forjados en torno a una disposición barroca de la intensidad desaforada. No en vano, «From The Edge Of The Deep Green See» fluye a lomos de un crescendo progresivo, alcanzando cotas de dramatismo puro a través de una serie de versos atrapados en una escena de ruptura amorosa de puro vertigo:

«Why, why, why do you let me go?, she says/ I feel you pulling back I feel you changing shape/ And just as I'm breaking free/ She hangs herself in front of me/ Slips her dress like a flag to the floor/ And hands in the sky surrenders it all/ I wish I could just stop/ I know another moment will break my heart/ Too many tears/ Too many times/ Too many years I've cried for you».

(«¿Por qué por qué por qué me estas dejando ir?» me dice/ Siento tu rechazo/ Siento tu cambio/ Y así como voy quedando libre/ Ella se cuelga frente a mí/ Su vestido cae al suelo como un pañuelo/ Y las manos en el cielo/ Se rinden ante esto.../ Desearía que pudiera detenerlo/ Sé que en cualquier momento se romperá mi corazón Demasiadas lágrimas/ Demasiadas veces/ He llorado demasiados años por ti».)

A LETTER TO ELISE

«A Letter To Elise» es uno de los singles extraídos de *Wish*, el cual se caracteriza por ser uno de los momentos más personales dentro de todas las diferentes derivas vocales mostradas por Smith a lo largo de su carrera. Una en la que los detalles chinescos del teclado se integran en armonía total con la pátina clásica de cuerdas que sobrevuela en este medio tiempo, ideal para que la voz del grupo se corte las venas mediante algunos de los versos más desgarradores por su sencillez de toda su carrera. Todo dentro de una canción que suena como una carta de despedida, de un amor que ha llegado a su fin.

«Oh Elise it doesn't matter what you say/ I just can 't stay here every yesterday/ Like keep on acting out the same/ The way we act out/ Every way to smile/ Forget/ And make-believe we never needed/ Any more than this/ Any more than this/ Oh Elise it doesn't matter what you do/ I know I'll never really get inside of you/ To make your eyes catch fire/ The way they should/ The way the blue could pull me in/ If they only would/ If they only would/ At least I'd lose this sense of sensing something else/ That hides away/ From me and you/ There're worlds to part».

(«Oh Elise, no importa lo que digas/ Simplemente no me puedo quedar aquí todo el tiempo/ Y seguir representando lo mismo/ De la manera en la que actuamos/ Cada forma de sonreír/ Olvidar/ Y querer pensar que nunca necesitamos/ Más que esto/ Nada más que esto/ Oh Elise, no importa lo que hagas/ Sé que nunca entraré en ti en realidad/ Para hacer que tus ojos obtengan el fuego/ Que deberían tener/ De la manera en la que el azul me podría atraer/ Si solo fuera así/ Si solo fuera así/ Por lo menos perdería la sensación de sentir algo más/ Que se oculta/ De ti y de mi/ Hay mundos que separar».)

A FOOLISH ARRANGEMENT

Finalmente, relegada a cara B, junto a la también fabulosa «The iog Hand», del single publicado de «A Letter To Elise», la primera impresión que produce la escucha de «A Foolish Arrangement» es de sorpresa; que no tanta, hablando de quien hablamos. Aun así, ¿cómo es posible que una canción de este calibre no pasara el corte de la selección final de *Wish*? No en vano, aquí se esconde uno de los ejercicios eléctricos más emotivos y enigmáticos, al mismo tiempo, de entre todos los praticados por Robert Smith, a la hora de sellar su rúbrica en atmósferas de propiedades absolutamente intransferibles, como es el caso..

UYEA SOUND

Vinny Reilly.

Surgida en la misma temporada que *Wish*, «Uyea Sound» es un tema instrumental inspirado en la Isla de Escocia con el nombre de Uyea, precisamente. Este es un corte incluido en una casette de cuatro cortes, que circuló de forma clandestina a partir de 1993 bajo el título de *Lost Wishes*. En la misma, también están incluidas otras tres piezas instrumentales más que notables. En esta en particular, lo que más resalta son los ecos provenientes con la forma de esculpir ambient eléctrico que hizo único al guitarrista de Manchester Vinny Reilly, el hombre que se esconde tras los imprescindibles The Durutti Column que a su vez tanta influencia tuvo sobre Joy Division, además de ser una de las escuchas favoritas de Ian Curtis y de su mujer.

THE LAST DAY OF SUMMER

Sin duda alguna, este es uno de los momentos más aprovechables de *Blood-flowers* y de todo lo que ha sido la vida discográfica de The Cure a lo largo del nuevo milenio. ¿La razón? Un sonido reminiscente a la poderosa sensación melancólica desprendida por el monolito del grupo. O sea, *Disintegration*. En este sentido, Smith vuelve a hilar sentidas telarañas eléctricas para la ocasión, a la vez que nos recuerda una verdad absoluta. Tampoco pasa desapercibido el candoroso colchón sinte con el que rellena el espacio para destilar palabras que celebran la calma de admitir la derrota en la vida y sentirse a gusto, igualmente:

«All that I have/ All that I hold/ All that is wrong/ All that I feel for or trust in or love/ All that is gone/ It used to be so easy/ I never even tried/ Yeah it used to be so easy/ But the last day of summer/ Never felt so cold/ The last day of summer/ Never felt so old/ The last day of summer/ Never felt so cold/ Never felt so…

«Todo eso que tengo/ Todo eso a lo que me aferro/ Todo está mal/ Todo por lo que sentía pena, creía o amaba/ Todo se ha ido/ Solía ser tan fácil/ Y nunca, ni siquiera lo intente/ Si, solía ser tan fácil.../ Pero el último día de verano/ Nunca se sintió tan frío/ El último día de verano/ Nunca me sentí tan viejo/ El último día de verano/ Nunca se sintió tan frío/ Nunca se sintió tan...».)

THE LOUDEST SOUND

Aparte de «The Last Days Of Summer», la otra cima de *Bloodflowers* es esta nueva demostración de cómo exprimir una fórmula en pos de una sensación estremecedora, de hermosura sin red. Y es que «The Loudest Sound» nos sumerge en una ecuación en cinemascope goth muchas veces escuchada anteriormente dentro de la trayectoria del grupo. Pero ¿qué hace tan especial esta nueva inflexión de su cuaderno de estilo? Sin duda, el vibrante flujo de sinceridad expresado en todo momento a lo largo de una serie de renglones instrumentales empujados por dinámicas de medio tiempo onírico. Unas a los que, después de un punto tan bajo como *Wild Mood Swings*, parecía imposible que pudieran llegar de nuevo. Eso, y la balsámica fragilidad expresada en el tono vocal de un Smith que vuelve a alcanzar la gloria de la única manera que saber hacer: retomando lugares comunes de su extenso, y cromático, libro de estilo.

THE END OF THE WORLD

Sin duda alguna, estamos ante de uno de los momentos más inspirados de los The Cure del siglo XXI, gracias a un estribillo de altos vuelos perteneciente a la gran familia comandada por «Just Like Heaven», aunque sin llegar a tales picos de inspiración, claro está. De todos modos, su simple presencia demuestra que Smith no ha perdido el toque de Rey Midas para empujar sus melodías hacia estribillos de los cuales el tatuaje en el subconsciente está más que asegurado. Así sucede en esta prueba inequívoca de los patrones instaurados por la química inherente a todo entrelazado surgido de la guitarra de Smith y las cuatro cuerdas de un Gallup. Una vez más, impoluto en su capacidad para saber administrar la fuerza intestinal necesaria a toda creación surgida del nido de pájaros mental que Smith tiene por sesera.

TAKING OFF

Estamos ante una nueva pirueta hacia su pasado más luminoso, el que remite a la poderosa sensación de desproporcionada vitalidad de fondo onírico con la que ya certificaron su condición menos siniestra en varios momentos de la segunda mitad de los ochenta y primeros noventa. Y lo hacen por medio de nuevas conexiones con ese pilar de su proceso creativo que es «Just Like Heaven», punto de referencia al cual, visto lo visto, casi no importa el número de veces al que tengan que recurrir. De una manera u otra, su solo reflejo establece un punto de empatía con su recuerdo, demasiado poderoso para el oyente. Así vuelve a suceder con «Taking Off», en la cual Smith se expresa bajo códigos de optimismo exacerbado, cuasi impúdico, tratándose de quien se trata, en una especia de variación más meditada de «Friday I'm In Love». No es para menos con versos de este calado:

«Tomorrow I can start again/ With back to earth and carry on/ The same as I did yesterday/ Yeah I'll pick it up once more/ And morning I'll be onto it/ From square to one start/ And push it for a bit/ Like I do everyday.../ I'll get it down for sure/ But tonight I climb with you/ Tonight/ So high with you/ Tonight I shine with you/ Tonight/ Oh I'm so alive with you».

(«Mañana puedo empezar otra vez/ Mi regreso a tierra y seguir adelante/ Al igual como lo hice ayer/ Sí, lo recogeré una vez más / Y por la mañana me haré cargo de ello/ Desde el principio/ Y esforzarme un poco/ Como lo hago todos los días.../ Lo bajará con seguridad/ Pero esta noche trepo contigo/ Esta noche/ Tan alto contigo/ Esta noche brillo contigo/ Esta noche/ Oh estoy tan vivo contigo».)

Cuando se habla de The Cure, resulta imposible no pensar también en el eco que sus canciones han propagado a lo largo de los años. En este sentido, seguramente no haya ejemplo más claro que la influencia de *Disintegration*, la cual ha sido tan brutal que sus redes se expandieron mucho más allá del espinazo anglosajón. En España, hacía tiempo que The Cure habían formado parte de la estructuración musical de grupos como Décima Víctima o los primeros Gabinete Caligari, por no hablar de Parálisis Permanente, cuya matriz bebió a borbotones de la trilogía siniestra del grupo de Robert Smith.

Sin embargo, el oráculo discográfico de Smith y su troupe también amplió horizontes hacia terrenos más pop. De La Dama se Esconde a Chicharrón, brota un camino de baldosas amarillas hacia la experimentación del intenso pop en cinemascope que late en *Disintegration*.

Más rotundo se hace su eco en *Regiones devastadas* (2015), el trabajo más atmosférico de la fabulosa banda sevillana Blacanova. También en *Cancións clínicas* (2018), uno de los grandes discos que nos deparó el año pasado, por obra y gracia de Chicharrón: seguramente, los herederos más directos de dicha forma de entender el pop hacia las alturas, donde intensidad y poesía han encontrado refugio en los claroscuros del sentimiento. No hay más que escuchar joyas como «A túa gravidade» y «Contra Acantilados». De hecho, este último single es lo más cerca que hemos estado nunca del vértigo emocional de «Plainsong» en estos últimos treinta años.

Más allá de España, los tentáculos de The Cure y *Disintegration* también alcanzaron Latinoamérica, donde grupos como Soda Estéreo, Caifanes y Jaime Sin Tierra adecuaron con deje autóctono el espectro de un germen que, a día de hoy, sigue siendo tan universal como las pesadillas que pueblan los sueños de millones de devotos a una religión de surcos infinitos y cautivadoras depresiones vitalistas.

Que The Cure es uno de los grupos más influyentes de todos los tiempos es algo que resulta más que evidente. Ya sea desde el frente musical o estético, su particular universo de luces y sombras ha llegado a infinidad de grupos, de los cuales hacemos una selección de nacionales e internacionales. Diferentes tipos de herederos con personalidad propia que ayudan a entender el impacto real del trabajo realizado por la banda de Smith a lo largo de su primera década de vida.

Pero ahora, ahondemos en algunos de estos grupos, seleccionados tanto de dentro de nuestras fronteras como del extranjero. En este sentido, más allá de los evidentes ecos de The Cure en Parálisis Permanente, donde la huella del grupo se ha hecho más patente es en ciertas formaciones como Décima Víctima. Y es que cuando hablamos de esta formación sueco-española, seguramente, lo estamos haciendo de la muestra más brillante que hemos escuchado nunca de trasladar el ADN *british* del after punk. Esto sucede en «Un hombre solo», su segundo LP, en el que suenan como una versión de secano de lo que fueron los The Cure de *Seventeen Seconds*.

Más allá de dicha conexión, el rastro de los The Cure oscuros empapa toda la trayectoria de este grupo madrileño. No hay más que adentrarse en su primer LP, plagado de guiños como «Noviembre» y «La razón de la discordia» o en singles como «Tan lejos», que también ahondan en el hilo que conecta a The Cure con Joy Division, en una especia de cruce imposible entre «Charlotte Sometimes» y «Love Will Tear Us Apart».

Durante aquellos primeros años ochenta, hay que recordar cómo la sombra de The Cure también alcanzó a grupos tan icónicos como, los anteriormente mencionados Parálisis Permanente, a su vez, ligados por medio de Jaime Urrutia a la primera versión, postpunk, de Gabinete Caligari, con su fabuloso Ep de presentación, *Cuatro rosas* (1984). Provenientes de Ejecutivos Agresivos, la segunda banda semillero por excelencia de la Movida Madrileña (ahí se encuentran los orígenes de Derribos Arias, Esclarecidos y Décima Víctima), Jaime Urrutia tuvo un encuentro fundamental con Eduardo Benavente, líder de los extintos Parálisis Permanente, para la conformación de su siguiente banda: Gabinete Caligari. De este modo, Jaime Urrutia conoció a Eduardo en 1980: «Recuerdo que conocí a Eduardo en el primero de los conciertos que di en El Escalón con Ejecutivos Agresivos», recordaba Jaime para Efe Eme. «Ahí había acudido todo el modernerío madrileño. Eduardo se me acercó y me dijo que le gustaba mucho cómo tocaba la guitarra y que le gustaría que algún día hiciéramos algo juntos. Él acababa de entrar a tocar la batería en Alaska y Los Pegamoides y se notaba que lo tenía muy claro, que tenía muchos planes, que quería tener su propio grupo, es decir, Parálisis Permanente».

El resto de los miembros de Gabinete Caligaril, Ferni y Edi, conocieron a Edu unas semanas después: «Un día, mientras pinchábamos Edi y yo en el Carolina, se nos acercó Benavente para que pusiéramos un disco que él llevaba, no sé si era Joy Division o Killing Joke. Y empezamos a trabar amistad con él a raíz de aquello. Ya ensayábamos como Los Dandies, comenta Ferni para el libro «Gabinete Caligari: el lado más chulo de la movida». «Entonces escuchábamos a los Jam, a los Kinks, etcétera, pero Eduardo iba a cambiarlo todo.» La escucha de esos discos que Edu traía de Londres caló profundamente en el sonido de Gabinete. De entre todos estos, The Cure y Joy Division fueron los que mayormente se incrustaron en el ADN de Gabinete, cuando aún se llamaban Los Dandies. Tras el nuevo descubrimiento, el nombre del grupo tuvo que cambiar indefectiblemente, a la par que sus inclinaciones por The Jam quedaban desechadas por un enfoque más siniestro. O, por lo menos, eso es lo que Jaime, Ferni y Edi pretendían.

A pesar de sonar con un punto más castizo, el influjo de estas nuevas referencias se hicieron patentes a todos los niveles. Por ejemplo, la influencia de Joy Division no sólo fue musical. De este modo, en cuanto a letras, también fue básica la imaginería dispuesta sobre la Segunda Guerra mundial y el profundo zarpazo existencialista, feísta, que caracterizaban las primeras letras de Ian Curtis, como «They walked in line». Este filtro se integró en la mayoría de los temas compuestos por los primeros Gabinete, siendo muy claro su reflejo entre los recovecos de «Como perdimos Berlín», donde es proverbial la huella del batería de Joy Division. El eco también prosigue en «Obediencia y nada más» y «La vida es cruel». Por lo que respecta a The Cure, los efectos de guitarra distorsionados y la batería lejana, repetitiva, fantasmagórica, fueron muy representativos de los primeros Gabinete, con su mejor reflejo en «Olor a carne quemada».

La influencia de The Cure se puede seguir rastreando entre las dos canciones que incluyeron en «Sombras negras» y «Golpes», su EP compartido con Parálisis Permanente. La primera está muy en la línea de álbumes como *Faith* y *Seventeen Seconds*. Esta inequívoca influencia se plasmó de forma más personalizada en la fabulosa «Golpes», con un Urrutia que empieza a encontrar una voz totalmente propia, tirando con gracia hacia el perfil castizo.

Precisamente, en Parálisis Permanente nos topamos con ejemplos fabulosos de la huella dejada por The Cure. Cortes como «Yo no», con un cierto deje melancólico, marcado por una línea de bajo hipnótica, repetitiva y acongojante, que conecta directamente con el aura que envuelve a un tema como «A Forest».

Dentro del árbol genealógico nacido de la cosecha sembrada por Parálisis Permanente y su entorno, también reluce la carrera en solitario de Ana Curra, mano derecha de Eduardo Benavente en el grupo afterpunk español por excelencia. De su producción en solitario, hay cortes como «Lágrimas», donde el molde creado por Alaska y Dinarama ya había calado hondo. Sin embargo, lo que nadie podrá negar es la intuición melódica de una Ana que en el luminoso estribillo de «Lágrimas» nos muestra cómo podrían haber llegado a sonar Parálisis de haber seguido un proceso similar al que pasaron The Cure cuando pasaron de las sombras de sus inicios a la colorista picazón pop que corresponde a los singles que publicaron en 1983, con ejemplos tan concluyentes como «The Walk» o «The Lovecats».

Una de las características comunes a toda esta serie de bandas parte de una premisa: la mayoría provenían de la capital española. Toda una serie de grupos que, como bien argumenta el periodista Rafa Cervera, no siguieron la estela de Parálisis porque, aparte de ser imposible igualar esa química escénica entre glamour de cuero negro remachado en tachuela y punk sulfurado, los tiros de la mayoría iban más hacia un pop siniestro de corte menos Killing Joke y sí más Joy Division y The Cure. En esta línea, un actor de lujo en aquellos tiempos, Servando Caballar, lo tenía muy claro: «Agrimensor K son bastante posteriores. En aquellos días un par de años era un universo. Ellos estaban muy verdes y tardaron en consolidarse como La Dama se esconde». En este sentido, si hay un grupo nacional que estuvo más cerca que ningún otro de los The Cure pop más intensos de «In Between Days» o «Just Like Heaven», esos fueron estos donostiarras que, asimismo, levantaron el puente que conectó con el denominado Donosti Sound, conformado por grupos como Le Mans, La Buena Vida o Family, estos últimos con ejemplos tan representativos como «El viaje», donde se hace evidente la huella de los The Cure de *Seventeen Seconds*.

Después de la movida madrileña, seguramente, en Andalucía sea donde se concentra un mayor número de grupos que han adoptado las formas estilísticas de The Cure. En cierta manera, el aura sacra inherente al espíritu de esta zona de la Península Ibérica tiende paralelismos más que evidentes con la evocación ascética de muchas canciones de Smith y compañía. Discos como *Faith*, *Pornography* y *Disintegration* son los que han causado un impacto mayor en grupos como Sr. Chinarro. Y es que cuando hablamos de la formación liderada por Antonio Luque, lo estamos haciendo de alguien capaz de hacer, junto a Belmonte, un álbum como *El Porqué de mis peinados*, tercer disco del Sr. Chinarro, el cual es el resultado de fantasear con la versión flamenca del *Disintegration* de The Cure. Ya solo por tal proeza la carrera de Sr. Chinarro está más que justificada. Sin duda, el punto álgido de una trayectoria que, cuanto más se acerca a los postulados sonoros de The Cure, obtiene resultados más brillantes.

Desde Sevilla surgió Blacanova en 2004. Tal comentaba antes, su tercer LP es lo más cerca que un disco español ha estado jamás de metamorfosear la esencia de *Disintegration* en un primo lejano ibérico. Con el permiso de *El porqué de mis peinados*, lo que ofrece este trabajo es la versión en cinemascope más brillante que se ha hecho jamás en terreno nacional de The Cure bajo un aura onírica shoegaze. Hay que recordar que, en cierta manera, dicha formulación por capas ondeantes de la esencia eléctrica fue una moda que en su momento también abrazó The Cure en singles como «Never Enough» y en ciertos pasajes de «*Wish*».

Las similitudes entre Blacanova y The Cure no terminan en su tercer LP, sino que se extienden a lo ancho y largo de una discografía que parece haber sido orquestada desde los confines de La Habitación Roja de «Twin Peaks», mundo surreal que conecta directamente con el imaginario que revolotea en los rincones más fantásticos y absurdos de la materia gris de The Cure.

Al igual que Blacanova, Pumuky proceden de Sevilla, origen andaluz que revierte en el lirismo exacerbado a través del cual enfocan su exposición del toque The Cure, que ha transcendido a lo largo de unos discos en los que su lado más poético conecta con el imaginario eléctrico de Smith.

Triangulo de amor bizarro.

Dentro de los grupos españoles que mejor han sabido adoptar las formas pop The Cure, uno de los más interesantes es Triángulo de Amor Bizarro. No hay más que escuchar *Vigilantes del espejo*, donde parecen haber hibridado «In Between Days» y «Just Like Heaven» bajo un mismo cuerpo. Ya solo por su capacidad para dar cuerpo a tan magnético mtatrioska pop de tres minutos de duración, los gallegos se merecen un puesto de lujo en esta lista. Una en la que también entran singles como «De la monarquía a la criptocracia», en los que la línea que separa The Cure de los New Order menos synth es muy muy fina.

También en Galicia, nos encontramos con un grupo como Chicharrón, cuya idiosincrasia bebe directamente de esa influencia siamesa compuesta por las cabezas de Joy Division y The Cure. Entre ambos extremos, el grupo liderado por

Alberto M. Vecino ha sabido encontrar el meridiano que funde a ambas formaciones en un meridiano único de expresión.

Ya en León, Gente Joven es, sin duda, la representación dream pop nacional más interesante de entre todas las que han surgido en torno al genoma Robert Smith. En sus diferentes trabajos discográficos, encontramos una versión en *slow-motion* de los parámetros pop más atmosféricos de los The Cure de *Disintegration*, pero también de su versión pop eléctrica de *The Head On The Door* y *Kiss Me, Kiss Me, Kiss Me*. Los punteos de guitarra arlequinados que brotan en sus canciones conectan con el perfil más estético, balsámico y hermoso de la forma de tocar la guitarra de Robert Smith. Es en este punto, donde se encuentra el vivero más rico de la influencia ejercida por The Cure a lo largo de las décadas: a través de la forma de tocar la guitarra de Smith, como si las cuerdas de la misma hubieran sido talladas en diamante. Es aquí donde se hace imposible intentar abarcar la influencia de The Cure, siendo más provechosa en la estructuración onírica de la guitarra planeadora y barroca con la que Cocteau Twins se ganaron el cielo.

Dentro de las conexiones más actuales con el legado abonado por The Cure, Depresión Sonora son, sin duda, la muestra actual más fascinante del sempiterno reflejo The Cure en el pop nacional. Canciones como «Generación perdida, diversión prohibida» destilan la esencia de los The Cure más pop de la trilogía siniestra. Pura ambrosía encapsulada en canciones alteradas por espasmos rítmicos de clara propensión lo-fi. Pero, sobre todo, en su primer LP, con singles como «Veo tan dentro», en el que el rastro de miguitas hasta las enseñanzas divulgadas por Smith en sus canciones se hace tan evidente como brillante.

Dentro del plano internacional, intentar condensar la influencia de The Cure se hace tan imposible como real es su impacto en formaciones de los más diferentes estilos: ya sea a través de grupos caracterizados por su agresividad cuasi metal como Nine Inch Nails a alquimistas de la esencia Slowcore como Low, cuyos tres primeros LPs son una invitación a una versión slowcore, esquelética, de lo que fueron los The Cure de *Disintegration*, pero sobre todo los de *Faith*.

Dentro del espinoso apartado de las veriones, las más impactantes de entre todas las realizadas del repertorio de The Cure proceden de grupos que, a priori, no tienen nada que ver con ellos. Tal es el caso de la tempestad eléctrica en la que Dinosaur Jr. imbuyeron los acordes cristalinos de «Just Like Heaven»; sin duda alguna, una de sus composiciones más celebradas en sus directos. Más originales fueron New Order que, directamente, fusilaron el single más celebrado de The Cure para insuflar vida a «All The Way», uno de los momentos más brillantes del, por otra parte, inconmensurable *Technique*.

Otro grupo con cierta afinidad con los de Smith, pero cuyos paralelismos evocan más el existencialismo Blade Runner de Radiohead, son los argentinos Jaime Sin Tierra, que se encargaron de forma brillante de «Plainsong», en un disco tributo de bandas argentinas conocido como *Into A Sea Of Cure* (1999) en el que también participaron Grand Prix, Plaimobyl, Bristol o Planeta Rica, entre muchos otros. Este trabajo en cuestión supone uno de los momentos más sembrados dentro de lo que significa darle vueltas al repertorio de Smith y los suyos.

Esta circunstancia impone una máxima a nivel internacional: los grupos más interesantes que han surgido con el eco de The Cure en su ADN no suelen ser los que más mimetizan su modus operandi, sino los que provienen de un plano estilístico diferente. Esto ocurre con las huestes dream pop de los grupos pertenecientes al sello discográfico independiente Captured Tracks o con formaciones como The Field Mice, de donde también surgió Trembling Blue Stars, autores de *Broken By Whispers* (2000); sin duda, una de las demostraciones más veraces e intensas del genio capaz de transmitir The Cure a través de su policromático mundo de ecos y reflejos, cuyo impacto también se puede rastrear en actos más masivos como Deftones, The Rapture o Mogwai, que nunca han escondido su devoción por las fórmulas musicales patentadas por Smith y los suyos, y sobre lo que el propio Smith llegó a sentenciar para *Mondosonoro* de la siguiente manera: «Siempre nos han elogiado, siempre hemos sido elogiados por otros artistas, quiero decir, que incluso las raras ocasiones en las que la gente ha dicho que les gustábamos y a mí no me gustan ellos, no digo nada. Creo que he madurado lo suficiente como para poder admirar a cualquiera que pueda hacer algo. Pienso que cuando era más joven y me sentía más amenazado por, ya sabes, la gente que yo percibía como competidores, yo me sentía menos capaz de que me gustara lo que otros hacían. O sea, ahora incluso si alguien hace algo que realmente odio, al menos creo que hacen algo. Así que admiro el hecho de que puedan al menos hacer algo. Cuando hay bandas que realmente me encantan, de las que llego a comprar sus discos, y luego descubro que a ellos les gustamos nosotros, es una sensación estupenda, ¿sabes? Creo que eso no le da validez a lo que hacemos. Pero, sin embargo, sí le da más importancia a lo que hago. Y creo que podemos inspirar el trabajo de otros. Es algo fantástico».

El influjo de The Cure ha llegado a figuras mainstream como Adele, autora de una versión de «Lovesong» para su álbum *21* (2011). En un terreno más acorde a las dinámicas rock, quienes tampoco han ocultado jamás su devoción por Smith y los suyos es 30 Second To Mars o Blink 182, diferentes deudores de una onda de influjo que, con el paso del tiempo, no deja de crecer más y más.

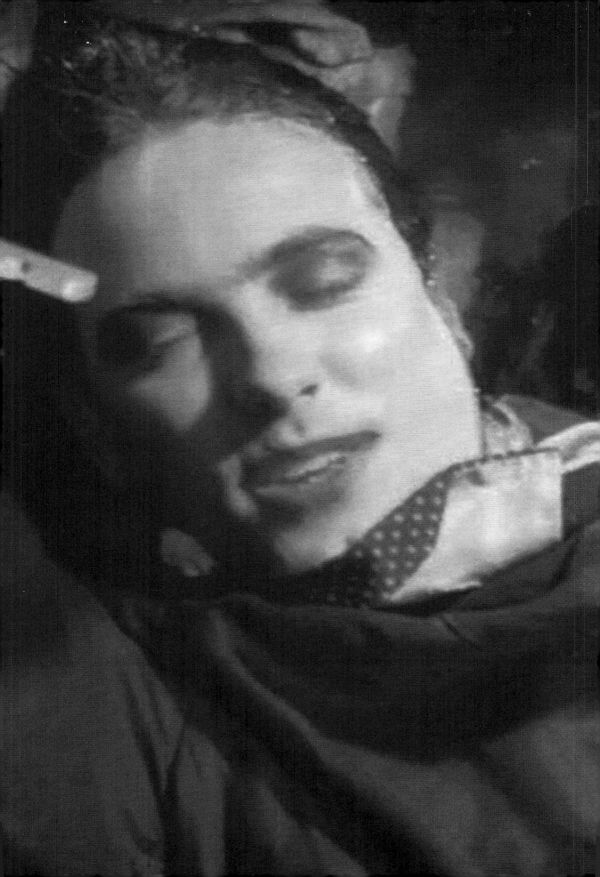

THE CURE, A TRAVÉS DE LA PANTALLA

Hace ya cuatro décadas que, en cuanto a impacto en el subconsciente, The Cure se convirtieron en la versión pop gótica audiovisual de Michael Jackson. Su impacto en aquellos vídeos que nos colaban de dos en dos en la tele fue tan memorable como lo siguen siendo hoy en día…

A la hora de radiografiar una formación como la comandada por Robert Smith, siempre florecen diferentes enfoques que van más allá de la perspectiva musical adoptada. En su caso, más que en la mayoría de grupos, gracias al poderoso filtro visual proveniente de sus videoclips más icónicos. Los mismos que definieron una imagen icónica a través de la representación de los sueños de Smith en la pantalla, de los que el realizador Tim Pope fue el responsable de los momentos más fantasiosos de su repertorio, hasta el punto de poder ser considerado como un miembro más de The Cure entre 1983 y 19992.

De la producción videográfica del grupo, comenzamos por escoger diez videoclips, entre los que se encuentran momentos definitorios de cómo son percibidos en el imaginario popular. En este sentido, no hay ejemplo más claro que «Lullaby».

LULLABY

Tras haber dejado su sello inconfundible en vídeos tan icónicos como «Close To Me» o «Just Like Heaven», Pope hizo su obra maestra con «Lullaby». A la postre, un vídeo donde su conexión con Smith se hace más fuerte que nunca. «The Cure es la mejor banda para un cineasta a la hora trabajar, porque el viejo Smiffy [en referencia a Robert Smith] entiende la cámara a la perfección. Sus canciones son muy cinematográficas. Hay cierta estupidez y humor, es cierto, pero debajo de eso están todas las obsesiones psicológicas y las claustrofobias de Smiffy», comentaba Tim Pope en su momento para *The Quietus*.

La relevancia de Tim Pope a la hora de dotar de una imagen característica al grupo ya había comenzado en 1982 a través de «Let's Go to Bed». De ahí a «Wrong Number», en 1997, Pope dirigió treinta y siete vídeos para The Cure. Una influencia que, dada la relevancia a la hora de forjar la identidad del grupo, hace que podamos contemplarlo como un miembro más, de vital importancia a la hora de visualizar la plantilla musical del grupo. Como si lo enfocara detrás de los ojos de Smith.

El gótico siniestro que florece por cada rincón de un vídeo como «Lullaby» alude a un híbrido entre estética heredada del cine de terror de los años sesenta y delirios de manicomio. Una obra maestra que, durante la habitual emisión de videoclips que echaba TVE entre programa y programa, pegó a miles de jóvenes delante del televisor con la cinta de VHS preparada para inmortalizar la causa de sus deseos prohibidos.

El juego con los extremos alcanza el súmmum en esta obra de arte, en la que se confunden los imaginarios del Luis Buñuel de cine mudo, las películas de Hammer Productions y la misma habilidad de Tim Pope para dotar al conjunto de una serie de escenas tan icónicas que traspasaron la red pop para ser vitales en su influencia dentro del séptimo arte. Y ya no hablemos del look de Robert Smith. Definitivamente, sin su imagen gótico-enmarañada jamás habrían existido personajes del celuloide tan entrañables como Eduardo Manostijeras.

Más allá de la semilla que inspiró «Lullaby», el vídeo dirigido por Pope es una alegoría aracnofóbica del infierno en el que estaba sumido Smith en aquel momento. Al final del mismo, Smith es devorado por una araña gigante. Es como si fuera consumido por el negro final a sus propias adicciones.

Como si de una película de terror de fantasmas se tratase, todo en «Lullaby» remite a la gran tradición surgida del imaginario literario de dos figuras tan relevantes como Edgar Allan Poe y Henry James. Un lujo para los amantes del género, que nunca antes habían podido contemplar un hermanamiento más lúcido entre cultura pop y terror. La turbadora, y grotesca, imagen de Smith y el resto de la banda en el vídeo quedó grabada en la era dorada del videoclip de tal manera que, únicamente, el «Thriller» de Michael Jackson se puede señalar como un vídeo más arraigado en la cultura popular de los años ochenta.

Las conexiones que surgen de «Lullaby» también apuntan hacia los propios gustos cinematográficos de Pope, que nunca dudó en reconocer sy influjo en relación a ciertas escenas y personajes provenientes de *Cabeza borradora* (*Eraserhead*) la película de horror de culto dirigida por David Lynch, que le sirvió de inspiración para dibujar el pasado drogadicto de Smith a nivel metafórico. Todo un estímulo a la hora de trabajar con una banda de la que Pope llegó a reconocer en su momento para The Quietus que se trata de «una de las bandas más estúpidas con las que puedes trabajar. También es la más inspiradora, la más sabia. Son terriblemente ruidosos a la vez que silenciosos, y «eso es lo que me encanta de ellos».

https://www.youtube.com/watch?v=ijxk-fgcg7c

BOYS DON'T CRY

El videoclip realizado para este single arrebatador es uno de los más carismáticos de todos los realizados a lo largo de su carrera. En el mismo, The Cure juegan con una de las herramientas descriptivas que más han

utilizado a lo largo de su carrera: la metáfora visual. A través de la misma, los tres protagonistas que actúan delante de las cámaras que suplantan a Smith, Tolhurst y Dempsey son tres niños, con el actor Mark Heatley metido en el papel de Robert Smith. Definitivamente, no se puede ser más explícito en las intenciones; en este caso, incluso más enfatizadas debido a las sombras proyectadas por ellos, que son las de los tres miembros del grupo, con un efecto fluorescente de color rojo en sus ojos. Hay que decir que este videoclip, aunque capta a la perfección la estética de 1979l, el año en el que fue publicada esta canción, fue grabado en 1986.

https://www.youtube.com/watch?v=9GkVhgleGJQ

CHARLOTTE SOMETIMES

Para esta traslación visual, The Cure se adaptan a la moda imperante en el mundo del videoclip en los años ochenta: montar guiones de tres o cuatro minutos, como si de cortos de cine musicados se tratara. En este sentido, para esta canción asistimos a un relato de tendencias góticas, con el personaje de Charlotte llevando el peso de la narración, filmada en el Holloway Sanituarium, dentro de una estética repleta de efectos visuales en los que somos atrapados por bizarras exposiciones de tonos rojos sangrientos que empapan la pantalla, dentro de un tono general de autoconsciente serie B.

https://www.youtube.com/watch?v=4Kell31qyck

THE LOVECATS

¿Qué se puede decir de un videoclip como este, surgido poco después de la etapa más autodestructiva del grupo? ¿Bipolaridad extrema? No puede ser de otra forma ante esta joya inspirada en «*Los* Aristogatos», con los miembros de The Cure disfrazados de gatos en tres minutos de pura fantasía, en los que asistimos a una pequeña excentricidad que, por momentos, recuerda a una versión felina de lo que el director francés Louis Malle hizo para su película pop *Zazie en el metro*. Y en el cual se palpan momentos tan especiales como los protagonizados por esos gatos de mentira, mezclados con los miembros del grupo disfrazados de felinos, en un claro antecedente de lo que, años después, fue el vídeo realizado para «Why Can't I Be You».

https://www.youtube.com/watch?v=mcUza_wWCfA

CLOSE TO ME

Poco antes de saborear las mieles del éxito mundial, Tim Pope siguió con su alianza audiovisual al lado de la banda de Robert Smith, regalándoles uno de sus momentos de inspiración más brillantes. Nunca antes un grupo había roto de tal manera la escenificación habitual de una actuación musical. En este caso, dentro de un armario arrojado desde una cascada hasta el fondo del mar. El efecto claustrofóbico no tiene lugar en la estética diseñada para la ocasión, en la que incluso aflora un perfil más desconcertante, al ser a plena luz del día, dentro de un juego de imágenes que parecen haber sido filmadas por el genio del cine *stop-motion*, Jan Svankma-jer. El vídeo realizado por Pope es una obra de arte en cuanto a jugar con los significantes de lo que entendemos como claustrofobia, los cuales pervierte dentro de un magnético tono juguetón, como ese piano tocado con peine de pelo.

https://www.youtube.com/watch?v=BjvflJstWeg

JUST LIKE HEAVEN

La misma cascada que en *Close To Me*. Sin Embargo, esta vez es de noche. Robert Smith baila al borde del precipicio. La magia de este vídeo, quizá menos original y desconcertante que otros, es el de encontrar la escena exacta de la magia desprendida por la canción. Seguramente, una de las cinco demostraciones más brillantes de la historia del pop. El aura es idílica, capta la sensación de duermevela al dedillo, hasta el punto de no saber si has visto el vídeo o lo has soñado. Magia.

https://www.youtube.com/watch?v=n3nPiBai66M

PICTURES OF YOU

Seguramente, estemos ante uno de los vídeos más convencionales dentro de la extensa trayectoria del grupo. Pero, incluso dentro de sus formas más costumbristas, la estética de The Cure mantiene su irresistible poder de atracción. En este caso, incluso más, al ser expuesta a través de una representación tremendamente empática, dentro de un escenario de gran poder metafórico, con ese entorno de palmeras en la nieve desde el cual asistimos a una emotiva aplicación del metavídeo, con la banda actuando para la ocasión y con la presencia en el mismo del equipo de grabación. Quizás dicha disposición argumental sea la forma más contundente a la hora de de reflejar la poderosa sensación de cercanía expresada por la canción en sí misma y que queda perfectamente expuesto en un videoclip de duración inusual, más propia de cortometraje de ocho minutos y veintitrés segundos de duración.

https://www.youtube.com/watch?v=UmFFTkjs-O0

WHY CAN'T I BE YOU

¿Hay algún videoclip más carnavalesco que este? Seguramente, estamos ante la canción que mejor representa la libertad festiva de la que se impregna cada poro de *Kiss Me, Kiss Me, Kiss Me*. No es para menos, con un videoclip como el que aquí nos ocupa, en el que podemos ver a Tolhurst disfrazado del cantor de jazz, al mismo tiempo que es el encargado de portar los labios gigantes que simbolizan el título de este doble LP. La ejecución del vídeo es tan sencilla como representativa del estado de gozosa plenitud que

The Cure tenían como banda en aquel momento, capaces de trasladarnos a la melancolía otoñal de «Catch», pero también a un circo como «Why Can't I Be You», en el que podemos ver a Boris Williams disfrazado de Drácula y a Robert Smith de gato y cazador de safari, entre tantas otra mutaciones, que no dejan de funcionar como una metáfora al dedillo de las múltiples personalidades abordadas por el grupo, desde una posición de desenfado total y absoluto.

https://www.youtube.com/watch?v=MI0a9hTh5AU

NEVER ENOUGH

Para esta ocasión, Pope convierte al grupo en una atracción de feria, a través de los que vuelve a jugar con la sensación de claustrofobia, incitada por el gusto a la hora de utilizar espacios de tamaño ridículos, en los que Smith y los suyos se convierten en marionetas de un teatrillo. De este modo, si en «Close to Me» interpretaban la canción dentro de un armario, esta vez lo hacen dentro de un escenario para representaciones de guiñol. A lo largo de la actuación, van desfilando escenas propias de una versión a lo John Waters de *Freaks. La parada de los monstruos*, la obra maestra del director de cine Tod Browning. Por el mismo, vemos desfilar a las hermanas siamesas, a la mujer barbuda e incluso a una señora-montaña de la burguesía de la época. El juego de los disfraces es incluso más acentuado que en «Why Can't I Be You», resultando en otra pieza de impacto perenne en la franja más excéntrica de nuestros recuerdos.

https://www.youtube.com/watch?v=I5Cqp3pnE98

THE CATERPILLAR

Este vídeo es una de las muestras más significativas del estilo desarrollado por Tim Pope con The Cure a lo largo de los numerosos videoclips grabado para el grupo. Para la ocasión, la filmación fue llevada a cabo en el Great Conservatory, de Syon Park, Londres. En esencia, no estamos ante uno de los vídeos más brillantes del grupo, pero sí ante una muestra inequívoca del aura mágica que comenzaba a planear ya desde la introductoria época arty-pop iniciada en los tiempos de The Top. Años en los que la espontaneidad con la que se complementan los diferentes rostros que componen la instantánea general del grupo seduce por su androginia juguetona, infantil, grotesca, como en este videoclip armado por un piano saltarín, gusanos en primer plano y detalles chinescos de infecciosa serie B.

https://www.youtube.com/watch?v=nzxJ5YvYfx4

HIGH

Retorna la magia de «Just Like Heaven». Estamos ante otro hit atrapa-sueños. Uno cuya única posible representación es sobre ese gigantesco globo barroco desde el que el quinteto interpreta la canción mientras surcan el mismo cielo que el de películas como las de *El Barón de Munchausen*, de Terry Gilliam. El granulado brillante de la textura visual destila una poderosa sensación onírica, hasta que Robert Smith aparece desde el lado «real» de la imagen, elevándose ensartado en una cometa gigante, siendo una de las manifestaciones más elocuentes de la parte metafórica que atañe al grupo. Sin palabras.

https://www.youtube.com/watch?v=w9xXCK28wDU

OTRAS MANIFESTACIONES ARTÍSTICAS DEL GRUPO

Más allá del mundo del videoclip, la presencia de la huella visual patentada por The Cure ha sido fuente de inspiración en numerosas ocasiones, tanto desde el mundo del cómic como dentro del séptimo arte, casi siempre dentro de una vía expositiva que remite a los años ochenta y noventa; sobre todo, en lo que se refiere a su década más productiva y sembrada. En la misma, los estilismos derivados de las tendencias sobrecargadas del grupo, ya fuera desde el plano surrealista pop o del horror de serie B, conectan con mayor fuerza dentro del imaginario popular. Por ejemplo, el espectro sembrado por Robert Smith a finales de los ochenta ha sido fuente de inspiración tanto para detalles estéticos de sagas de terror basados en libros de Clive Barker como *Hellraiser*,

Dentro del mundo del cómic, la inspiración a la hora de dar cuerpo al protagonista central de *Sandman* llega también a Muerte, hermana de Morfeo cuyo look también parece haber sido inspirada por el *outfit* de Siouxsie. En el caso del mítico cómic inglés, donde se puede apreciar con mayor fuerza la identidad de Smith es a través de los dibujos realizados por Frank Quitely.

La estética del propio Smith, a través de sus peinados imposibles y su rictus facial de tono nevado, fue básica a la hora de atrapar las musas para la confección del personaje protagonista de *Eduardo Manostijeras*. En este sentido, no debemos olvidar jamás el día en el que Tim Burton agradeció Smith la influencia en su trabajo, el día que el de The Cure recogió el premio Godlike Genius, concedido por *New Musical Express*, en 2009. No en vano, el propio Smith también colaboró directamente en la versión que Burton hizo de *Alicia en el país de las maravillas* y en la banda sonora grabada conocida como *Frankenweenie Unleashed* (2012).

No deja de ser tremendamente significativo que, durante la grabación de *Disintegration*, Tim Burton le enviara un guion de *Eduardo Manostijeras* a Smith para que pudiera contribuir con una aportación en la banda sonora de la película. «La primera vez que vi la película me hizo reír», admite Smith. «Esto ya lo he visto antes en algún lugar».

La influencia del poderoso universo visual de The Cure en el universo estético creado por Tim Burton va más allá de *Eduardo Manostijeras*. Se trata de un eco que traspasa películas, llegando hasta *Sleepy Hollow* o *Bitelchus*. En esta última, la huella dejada por The Cure funciona como si se tratase de una versión larga, en modo film, de videoclips como «Lullaby» o «Close To Me». Es aquí donde hay que hacer hincapié en la relevancia que ha tenido el realizador Tim Pope a la hora de ampliar el impacto visual del grupo, siendo quien ha dado señas de identidad a los sueños y pesadillas con las que Smith lleva décadas modelando sus canciones, y que refuerza la sensación de que su grupo siempre ha estado más cerca de haber salido de algún lugar recóndito del país de las maravillas de Alicia. Mundo que el propio Burton ha reflejado por medio de las películas *Alicia en el país de las maravillas* y *A través del espejo*.

Pero el impacto de The Cure en Tim Burton va incluso más allá de su universo cinematográfico. Resulta evidente desde su propia imagen proyectada desde los años ochenta en adelante, la cual, en no pocas ocasiones le ha reportado comparaciones con el líder de lo de Crawley.

Retomando *Eduardo Manostijeras*, todo el que la haya visto podrá reconocer la influencia que tuvo el estilo portado por Smith en la confección del personaje central. De hecho, su eco en terreno cinematográfico no deja de ser tremendamente elocuente en el Joker ideado para la segunda parte del *Batman* de Christopher Nolan. Aunque donde su verdadera esencia sigue habitando era en los vídeos que Tim Pope diseñaba para el grupo. Y en este sentido no hay clip más icónico que «Lullaby». Dicha canción es a la que Smith se refiere bajo la inspiración de las inquietantes canciones que su padre le cantaba cuando no se podía dormir. «Siempre se las inventaba. Siempre había un final horrible. Eran algo así como "Duerme ahora, bebé, o no te despertarás"».

En un plano mayor, una canción como «Just Like Heaven» fue la excusa central para que viera la luz la comedia romántica del mismo nombre, protagonizada por la actriz Reese Witherspoon.

El director italiano Paolo Sorrentino también tomó buena nota a la hora de plantear *Un lugar donde quedarse*, su película de 2011. En la misma, Sean Penn interpreta a Cheyenne, un personaje totalmente inspirado en Robert Smith. El propio Sorrentino llegó a decir que vio a The Cure varias veces en directo cuando era más joven y que, cuando fue a verlos recientemente, allí estaba Robert Smith con cincuenta años, llevando el mismo aspecto que cuando tenía veinte. Según el director italiano: «Era extraño, estaba fuera de época, pero lo digo de manera positiva. Luego, pude verlo de cerca, entre bastidores, y pude leer en su cara la maravillosa contradicción de ser un hombre maduro que conserva su aspecto de adolescente. No tenía nada de patético, era simplemente único, excepcional». Dicha impresión fue la base por la cual Sean Penn parece una copia de Smith en el filme en cuestión. Uno que, en cierta manera, es también un homenaje a la tenacidad de Smith por seguir manteniendo su postura inquebrantable ante la imagen que se fraguó para sí mismo hace cuatro décadas y que, a diferencia de otros ejemplos como Kiss, no ha abandonado jamás, ni parece que tenga intención de hacerlo nunca.

Dentro del carrusel de homenajes orquestado en torno a la figura de Robert Smith, el momento cúlmen se lo lleva uno de los, episodios pertenecientes a la irreverente serie de animación *South Park*, en la que Smith aparece como salvador del mundo ante el ataque devastador de Barbra Streisand. El grado de delirio alcanzado en este episodio es sin duda uno de los momentos más recordados por el fandom de The Cure, con escenas tan emotivas como el final del episodio, en el cual Kyle dice que *Disintegration* es el mejor disco de todos los tiempos.

Seguramente, el homenaje realizado en *South Park* sea uno de los más delirantes y emocionados, al mismo tiempo, que se haya podido ver a través de la pequeña pantalla. Y es que las ramificaciones de la imagen proyectada por The Cure alcanza los rincones más insospechados.

No cabe duda de que el eco de la imagen sembrada por Robert Smith entre 1985 y 1992 ha definido el concepto gótico desde una renovada perspectiva postpunk. Esta misma sensación se puede aplicar a una película como *El cuervo*, en la cual el protagonista parece un híbrido estilizado entre Robert Smith y Alice Cooper en sus años de gloria glam, para la cual incluso The Cure fue partícipe, con la cesión de un tema para su banda sonora original.

Las ramificaciones del imaginario visual tejido por el grupo se ha convertido en una de las vías de expresión cinematográfica más poderosamente asociadas a la cultura pop. Lógicamente, surgida de la imagen expresada por Robert Smith, quien, a cada nuevo año que pasa más nos hace pensar en un ser de ficción. Uno que, tal como llegó a explicar a *The Quietus*, se ve a sí mismo de la siguiente forma: «Me escondo detrás de cómo me veo con el maquillaje y el cabello», admite Smith. «Sé que lo hago, soy lo suficientemente consciente de mí mismo como para saber por qué sigo haciéndolo. Es incómodo en las pocas incursiones que tengo en la vida real, conseguir gasolina y comprar, pero lo he eso es algo que he tenido toda mi vida. Estoy con una chica a la que le gusta como me veo y cuando no me veo como me veo no le gusto tanto, así de simple. Cuando empezamos a darnos a conocer yo decía que si me pareciera a Ronald McDonald sería un look gótico. Me imagino una realidad alternativa donde Ronald McDonald es el icono gótico».

El impacto de The Cure en el séptimo arte y en la televisión también llega a momentos puramente musicales, como el uso que se ha hecho de una canción tan épica como «Plainsong». Esta misma fue utilizada como fondo musical de la escena más relevante de *Ant-Man*, en el momento en el que el protagonista de la película se enfrenta con su villano en el aire. Otra de las películas en las que «Plainsong» es parte relevante de uno de los nudos de la película es en *María Antonieta*, dirigida por Sofia Coppola.

En un terreno más anecdótico, la sitcom argentina *Peter Punk*, de Disney, cuenta con «Boys Don't Cry» como tema principal en la cortina de la serie. Todos, momentos que, ante todo, ratifican la vigencia de The Cure como un pulpo de tentáculos infinitos dentro de la cultura popular. Monolito cuya presencia se hace imprescindible para entender el contexto cultural de estas cuatro últimas décadas. Ni más ni menos.

PLAYLIST SPOTIFY

Si quieres escuchar algunas de las canciones más destacadas del grupo que aparecen en este libro puedes acudir a este link que te conducirá a ellas:

https://open.spotify.com/playlist/6qeB50y21n-
YBUFyA09oEIV?si=39948f53716b46fd

AGRADECIMIENTOS

Antes de nada, me gustaría agradecer a Martí, de Redbook, su confianza depositada en mí a la hora de llevar a cabo este ensayo, el cual me ha servido para sumergirme de lleno en el universo The Cure. La razón, poder mostrar una retrospectiva lo más completa posible de lo que es uno de los grupos que han marcado mi paleta de gustos de musicales desde que era niño.

Ante todo, este libro es un homenaje directo a Paco Blacanova, guitarrista de imaginación desbordante, y mejor amigo, con quien tuve la suerte de poder compartir entusiastas charlas acerca de la magnitud de una obra como la de The Cure, y hasta qué punto sus canciones son capaces de influir en el acto creativo a nivel subconsciente y en el día a día de cualquier ser que tomara la dirección de baldosas amarillas dispuesta en esfuerzos discográficos plenos de elixires enigmáticos como *Disintegration* o *Faith*. A él va dedicado este libro, cuyo germen proviene de mi encuentro en la vida con un ser tan excepcional como él.

Lo que también tengo muy claro es que, aparte de la presencia de Paco en todo lo que he escrito en estas páginas es la certeza de que sin mi pareja en la vida, jamás podría haber sacado adelante un proyecto tan ilusionante como este. Gracias, Adriana. Jamás tendré las suficientes palabras para poder expresarte lo tan importante que has sido para que este libro haya llegado a buen puerto. El mismo para el cual mis gatos, Fellini y Tarkovsky, han sido mis despertadores, gracias a los que levantarse a las cinco de la mañana para escribir no ha supuesto ningún trauma.

Ya para finalizar, agradecer a todxs los que, de alguna manera, me habéis motivado en algún momento de mi vida a través de apasionadas charlas sobre la experiencia de escuchar a The Cure. Gracias, Santi. Gracias, Julito. Gracias a todas esas personas sin las que jamás hubiera sido posible llegar a obsesionarme por un grupo que, al fin y al cabo, le dio sentido a mi vida en un momento clave de mi adolescencia.

En la misma colección:

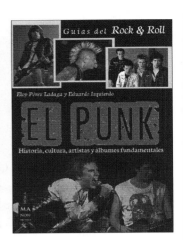

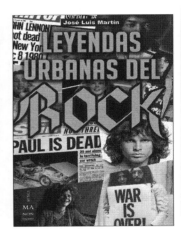

Descubre a través de este código QR
todos los libros de Ma Non Troppo - Música

Puedes seguirnos en:

 redbook_ediciones

 @Redbook_Ed

 @RedbookEdiciones